Schemann
Was Sie (nicht unbedingt) über Münster wissen müssen

Wolfgang Schemann

Was Sie (nicht unbedingt) über Münster wissen müssen

50 Anekdoten, Glossen und andere Geschichten

Bildnachweis
Matthias Ahlke (Titel, Seiten 15, 35, 56, 87); Oliver Werner (Seiten 60, 108); Wolfgang Schemann (Seiten 13, 30, 80); Presseamt Münster, Joachim Busch (Seite 77); Presseamt Münster, Angelika Klauser (Seiten 83, 111) Presseamt Münster, Roman Mensing (Seite 27)

© 2013 Aschendorff Verlag GmbH & Co. KG, Münster
Das Werk ist urheberrechtlich geschützt. Die dadurch begründeten Rechte, insbesondere die der Übersetzung, des Nachdrucks, der Entnahme von Abbildungen, der Funksendung, der Wiedergabe auf fotomechanischem oder ähnlichem Wege und der Speicherung in Datenverarbeitungsanlagen bleiben, auch bei nur auszugsweiser Verwertung, vorbehalten. Die Vergütungsansprüche des § 54 Abs. 2 UrhG werden durch die Verwertungsgesellschaft Wort wahrgenommen.
Gesamtherstellung: Aschendorff Druckzentrum GmbH & Co. KG, Druckhaus Münster

Gedruckt auf säurefreiem, alterungsbeständigem Papier ∞
ISBN 978-3-402-13036-0

Inhalt

Amtsketten
    Als die OB-Insignien den Pumps begegneten 9
Bahnhofsvorfahrt
    Ein Schild, das selbst in Schilda Aufsehen erregt hätte .. 12
Stadtverwaltung
    Warum die Beamtenlaufbahn mit Weisheiten
    gepflastert ist.. 14
Karnevalsmotto
    Wie die Narren Schiss vor der eigenen Courage
    bekamen... 17
Theodor Blieshaimer
    Ein Kulturphilosoph, der aus dem Nichts kam… 19
Blumenkübel
    Wenn der Amtsschimmel sich selbst auf die
    Füße tritt….. 22
Cavete
    Wie aus einer Schlagzeile
    eine Studentenkneipe wurde... 24
Eduardo Chillida
    Sitzgelegenheit für Ideen.. 26
Dom
    Was die Keller-Fenster und das Himmelstelefon
    gemeinsam haben 29
Einbahnstraße
    Wenn Richtungskämpfe in die Sackgasse führen............ 31
Verkehr
    Viele Fahrräder – und Ausreden 32
Moderne Kunst
    Eine vorübergehend bereifte Laterne.................................. 34
Bürgermeister Fritz Krüger
    Diplomatie mit der Schere... 36

Hans-Dietrich Genscher und Eduard Schewardnadse
  Maßanfertigung von der Feuerwehr 38
Goldener Hahn
  Der Ehrentrunk und der Vortrinker 40
Helma Sjuts
  Warum eine Pantoffelheldin in die Luft ging 42
Mode
  Als man aus Hosen noch Skandale machen konnte… 44
Rathaus
  Ein Klo namens „Julchen" 46
Henry Kissinger
  Ein konspirativer Besuch im Friedenssaal 48
Kramermahl
  Die Pumpernickel-Pfeife 51
Fußball-WM
  Als Cruyff und Co. bei Krautkrämer baden gingen 53
Theater
  Wo der Himmel voller Lampen hängt… 55
Auszeichnungen
  Von der Schönsten zur Lebenswertesten 57
Oberbürgermeisterin Marion Tüns
  Ein Stadtoberhaupt mit kühner „Behauptung"… 59
Masematte
  Wo die Leezen und der Maimel jovel sind 61
Mühlenhof
  Das Museum, das zusammengequasselt wurde 63
Münster-Arkaden
  Wo die Abrundung des rechten Winkels gelang 66
Adjektiv
  Die münsterische Tradition und
  der Münsteraner Zeitgeist 68
Joseph Ratzinger
  Hier pöhlte der Papst 70

Pinkus Müller
   Der Mann, der den Bogen raus hatte 72
Prinz Philip
   Unkomplizierter Rathaus-Besucher 74
Radstation
   Leezenbeis, Fahrradies und Palazzo Pedalo 76
Rickey-Plastik
   Was die Stadt zum Rotieren brachte… 79
Ulrich Rückriem
   Tortenstücke, die für Paukenschläge sorgten 82
Schwarze Petra
   Der Schwan, der ein Tretboot liebte… 85
Silbersand
   Wenn die Politik zum Sandkastenspiel wird… 88
Oberbürgermeister Markus Lewe
   Das „bepömpelte" Hosenbein 90
Scherzartikel
   Warum die Stadt für beschädigte Spiegeleier zahlen
   musste… 92
Karneval
   Warum der Gerichtsvollzieher Spitzenhöschen
   beschlagnahmte 94
Dienst-WC
   Wie der Ortstermin zum Örtchentermin wurde 96
Straßencafés
   Als die Gastronomen auf die Straße gingen 98
Franz Feldhaus
   Ein Mann der allerersten Stunde 100
Tennengericht
   Den Männern die Meinung gegeigt 102
Theater
   Ein Donnerschlag mit Schleife 104
Türmer
   Der Mann über dem Oberbürgermeister 107

Öffentliches WC
　Wie das Klo zum Kronleuchter kam.............110
Veggie-Day
　Verbales Schlachtfest mit Mettbrötchen-Druck............112
Whisky
　Unverzollt in die Beamtenleber............114
Wiedertäufer
　Original oder Fälschung?............116
Moderne Kunst
　Die Skulptur, die ein Knöllchen bekam............118

AMTSKETTEN

Als die OB-Insignien den Pumps begegneten...

Münsters Oberbürgermeister hat ein Luxus-Problem, das ihn zugleich zu einem der am besten ausgestatteten Stadtoberhäupter der Republik macht: Er verfügt über drei Amtsketten. Und alle drei könnten Geschichten erzählen: Eine war bei einem Besuch in Orléans vorübergehend untergetaucht, eine wurde von einem Zahnarzt hergestellt, und eine gehörte mal einem Karnevalsverein...

Der Reihe nach:

Die erste Kette stammt aus dem Jahr 1852. Oberbürgermeister Johann Heinrich von Olfers erhielt damals vom preußischen König das Recht, eine Amtskette zu tragen. Es war eine persönliche Auszeichnung und deshalb musste von Olfers das Schmuckstück auch selbst bezahlen – mit 900 Goldtalern, wie überliefert ist. Die Kette war also privates Eigentum, wurde innerhalb der Familie vererbt und landete so beim Freiherrn Kerckerinck zur Borg – der sie Mitte der 1980er Jahre der Karnevalsgesellschaft Paohlbürger überließ. Seitdem liegt sie als Leihgabe im Stadtmuseum. Inzwischen gehört sie allerdings der Sparkasse, die sie 1993 von der Karnevalsgesellschaft erwarb – für 120 000 Mark, wie es damals hieß.

Die zweite Kette stammt aus dem Jahr 1861. Sie wurde geschaffen, als von Olfers' Nachfolger, Oberbürgermeister Caspar Offenberg, ebenfalls das Recht erhielt, eine Amtskette zu tragen. Aber diesmal wurde die Kette auf Beschluss der Stadtverordneten aus der Stadtkasse bezahlt. Somit ist sie städtisches Eigentum – und schmückt seitdem die münsterischen Oberbürgermeister.

Die dritte Kette stammt aus den 1970er Jahren. Weil die zweite Kette bei einem Besuch in der französischen Partnerstadt Orléans mal kurzfristig verloren gegangen war, beschloss Dr. Werner Pierchalla, Oberbürgermeister von 1972 bis 1984, eine „Reisekette" anzuschaffen. Ein befreundeter Zahnarzt, so berichtete er, schuf das Duplikat aus Zahngold und schenkte es der Stadt.

Die zweite Kette ist also gewissermaßen die „hauptamtliche" Oberbürgermeister-Kette, meistens erscheint der OB aber mit der dritten Kette, dem Duplikat. Und die erste Kette, die der derzeitige Oberbürgermeister besonders schön findet (auch wenn sie von einem ehemaligen Oberbürgermeister mal spöttisch „Karnevalskette" genannt wurde), wird nur bei ganz besonderen Anlässen aus dem Museum geholt.

Die Amtskette liegt natürlich nicht in der Schreibtischschublade des Oberbürgermeisters. Sie befindet sich im Safe und wird nur bei Bedarf herausgeholt. Wie das funktioniert, erfuhr Dr. Albrecht Beckel, Oberbürgermeister von 1964 bis 1972, als er kurz nach seinem Amtsantritt mit seinem Fahrer im Dienstwagen saß. Dabei entspann sich ein Gespräch, das später zur Anekdote wurde. Und das laut Beckel etwa so ablief:

Beckel: Morgen zum Festakt muss ich wohl die Kette haben. Wie komme ich da dran? Fahrer: Darum brauchen Sie sich gar nicht zu kümmern, die Kette ist da. Beckel: Wer kümmert sich denn darum? Fahrer: Das macht Herr F.. Beckel: Wer ist Herr F.? Fahrer: Der bringt die Kette. Beckel: Was macht der sonst? Fahrer: Der bringt die Kette auch wieder weg.

Herr F. war wohl nicht mehr im Amt, als Marion Tüns, Oberbürgermeisterin von 1994 bis 1999, nach einer festlichen Abendveranstaltung im münsterischen Schloss feststellen musste, dass niemand an den Rücktransport des wertvollen Schmuckstücks gedacht hatte. So stand sie zu nächtlicher Stunde ganz allein mit der Kette auf dem verschneiten Schlossplatz. Aber Marion Tüns hatte sich nun mal vorgenommen, zu Fuß durch die sternenklare Nacht zurückzugehen. Also zog sie ihre Winterstiefel an, packte die anderen Schuhe und die OB-Insignien in die Tasche und machte sich auf den Heimweg. So kam es, dass die Amtskette eine Nacht gemeinsam mit einem Paar Pumps in einem Jutebeutel verbrachte…

Niemand will die Geschichte unnötig dramatisieren. Aber irgendwann hörte die Oberbürgermeisterin plötzlich Schritte hinter sich, die langsam aber sicher immer näher kamen. Und während Marion Tüns sich zunehmend Sorgen um die wertvolle Amtskette und sich selbst machte, hörte sie den nächtlichen Verfolger auch schon sagen: „Frau Tüns, warum spazieren Sie denn mitten in der Nacht durch die Gegend?" Es war ein fröhlicher Karnevalist, der sich ebenfalls auf dem Heimweg befand – und von der erleichterten Oberbürgermeisterin insgeheim gleich als „Bodyguard" engagiert wurde: Den Rest des Rückwegs legten die beiden gemeinsam zurück.

BAHNHOFSVORFAHRT

Ein Schild, das selbst in Schilda Aufsehen erregt hätte…

Die Bahnhofsvorfahrt in Münster ist, um es mal vorsichtig auszudrücken, kein Paradebeispiel für gelungene Verkehrsorganisation. Und vor allem für auswärtige Autofahrer hat sie einen hohen Verwirrungs-Quotienten – der nur noch von dem des Schildes übertroffen wird, das diese Vorfahrt erklären soll. Ein Schild, das vermutlich selbst in Schilda Aufsehen erregt hätte.

Es fängt schon damit an, dass es am Bahnhofsvorplatz kaum Gelegenheit zum Halten, geschweige denn zum Parken gibt. Genau die wäre aber nötig, um das liebevoll gestaltete Hinweisschild mit seinen diversen Informationen in Ruhe studieren zu können. Denn im Vorbeifahren ist da wenig zu machen…

Aber wer sich mal ein Viertelstündchen Zeit nimmt, der erkennt früher oder später, dass man dem Schild durchaus bemerkenswerte Botschaften entnehmen kann.

Hier die wichtigsten:

1. Wer zum Essen will, kann zwischen zwei Angebotskategorien wählen: Hungrige mit amerikanischen Vorlieben fahren geradeaus, wo es zu McDonalds in den sogenannten Hamburger Tunnel geht. Wer die europäische Küche bevorzugt, biegt links ab, wo ein stilisiertes Baguette französische Gaumenfreuden verheißt.

2. Die Taxen sind nicht ohne Grund als einziges Wort groß geschrieben: Sie haben auf dem gesamten Terrain Vorfahrt.

3. Ob die untere Schlaufe auf dem Schild die Schlange der wartenden Taxi-Interessenten illustriert oder einen möglichen

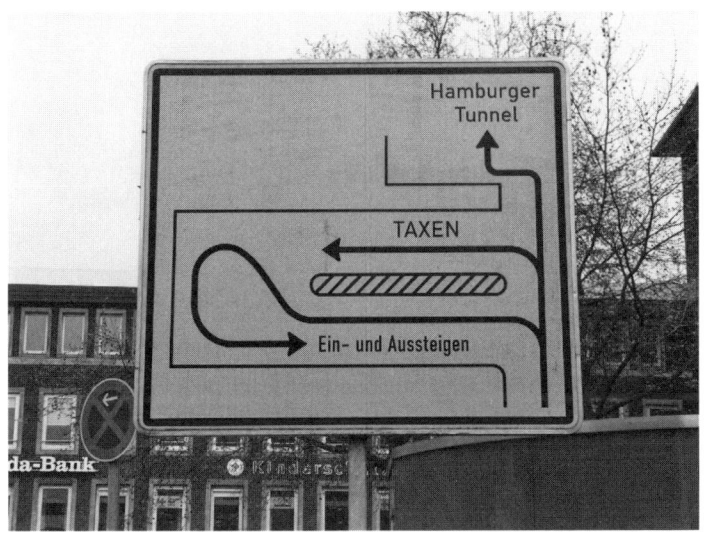

Ein Schild, das selbst in Schilda Aufsehen erregt hätte…

Weg für den Individualverkehr aufzeigt, muss offen bleiben. Fest steht dagegen, dass man da, wo „Ein- und Aussteigen" steht, weder ein- noch aussteigen kann – weil eine Phalanx von Fahrrädern den Bürgersteig dauerhaft blockiert.

Dass auf dem gesamten Schild der Bahnhof überhaupt nicht erwähnt wird, hat nach Ansicht vieler Münsteraner einen triftigen Grund: Man möchte um jeden Preis den Eindruck vermeiden, dass es sich hier um eine reguläre Zu- bzw. Vorfahrt zum Hauptbahnhof handelt.

Bliebe noch zu erwähnen, dass dieses Schild unmittelbar vor einem 1. April aufgestellt wurde. Aber das muss gar nichts besagen…

STADTVERWALTUNG

Warum die Beamtenlaufbahn mit Weisheiten gepflastert ist

Wer in der münsterischen Stadtverwaltung die Beamtenlaufbahn einschlägt, der muss sich auch mit Faust und Caesar, mit Goethe und Shakespeare auseinandersetzen. Und überdies damit rechnen, dass deren Lebensweisheiten ihm immer mal wieder um die Ohren gehauen werden. Beispielsweise diese: „Wir wollen alle Tage sparen und brauchen alle Tage mehr".

Allerdings gehören diese und andere Lebensweisheiten nicht zum Ausbildungsprogramm der Stadtverwaltung – sondern zum Wandschmuck eines aufgeständerten Ganges, der das historische Rathaus mit dem nach dem Krieg errichteten Stadthaus verbindet. Und der im Volksmund als „Beamtenlaufbahn" firmiert.

Wer veranlasst hat, dass der Anfang der 1960er Jahre fertiggestellte Verbindungsgang mit solcherlei Sprüchen gepflastert wurde, verliert sich im Dunkel der Wiederaufbau-Jahre. Das Büro des Oberbürgermeisters hat vor einigen Jahren jedenfalls vergeblich nach Ratsbeschlüssen, Unterlagen oder Zeitzeugen gesucht, die Auskunft über die Entstehung der Wand-Weisheiten geben könnten. Als „Hauptverdächtiger", so hieß es seinerzeit, gelte der damalige münsterische Oberbürgermeister Busso Peus.

Neben dem Haushalts-Seufzer aus Goethes Faust („Wir wollen alle Tage sparen...") findet man auf dem – übrigens auch von außen, das heißt vom Rathaus-Innenhof einsehbaren – Wandelgang unter anderem ein weiteres Goethe-Zitat

Münsters ehemaliger Oberbürgermeister Dr. Berthold Tillmann auf der mit Sprüchen "gepflasterten" Beamtenlaufbahn

("Ein jeder kehre vor seiner Haustür, und rein ist jedes Stadtquartier"), eine Shakespeare-Weisheit ("Den besseren Gründen müssen gute weichen") sowie Sprichworte wie "Schlichten geht über richten" oder "Reden ist Silber, Schweigen ist Gold".

Nun dient der Verbindungsgang zwar in erster Linie dazu, dass die Mitarbeiter der Stadtverwaltung schnell vom Stadthaus ins Rathaus kommen. Aber bisweilen wird er natürlich auch von Ratsmitgliedern genutzt, die ins Stadthaus wollen. Und genau das könnte der Grund dafür gewesen sein, dass an der Wand auch der Volksmund zu Worte kam: "Ochsen gehören auf den Acker und nicht ins Rathaus".

Dr. Berthold Tillmann, Oberbürgermeister von 1999 bis 2009, konstatierte bei passender Gelegenheit, dass die Sprüche-Galerie ("Welche Wucht von Weisheiten!") auch ein halbes Jahrhundert nach der Entstehung noch ihre Berechtigung habe. Denn wenn man mal alles zusammennehme, so Tillmann schmunzelnd, dann werde dort doch das Leitbild eines traditionsbewussten Westfalen gezeichnet: „Das Bild eines aufrechten, schweigsamen Sparers, der dem Humus und dem Humanismus gleichermaßen verpflichtet ist."

KARNEVALSMOTTO

Wie die Narren Schiss vor der eigenen Courage bekamen

Die Karnevals-Saison, die die Narren Session nennen, steht jedes Jahr unter einem bestimmten Motto. In der Regel ist das von bestenfalls unverbindlicher Heiterkeit, damit sich möglichst viele Aktivitäten (und vor allem die Mottowagen des Rosenmontagszuges) darunter einreihen können. Originalität ist eher nicht gefragt, und Satirisches oder gar Kritisches nicht vorgesehen. Aber keine Regel ohne Ausnahme: 1971 meinten Münsters Karnevalisten, es sei an der Zeit, um mal – der Leser möge den rustikal-umgangssprachlichen Tonfall verzeihen – auf die Kacke zu hauen. Mit dem Motto „Wat hebbt se us beschiäten".

Es lief damals nicht gut für Münster. Der Flughafen bereitete Probleme, das Projekt Protonen-Beschleuniger verschwand in der Schublade, der neue Zoo machte Negativ-Schlagzeilen, die Bundesbahndirektion wurde aufs Abstellgleis geschoben... Und angesichts dieser imposanten Verlust-Serie seufzte ein Karnevalist: „Kerl, was ham se uns doch beschissen!"

Da meinten die Bosse des Bürgerausschusses Münsterscher Karneval, sie hätten den Stein der Narren gefunden. Man war sich natürlich darüber im Klaren, dass das beschissene Gefühl hochdeutsch nicht zu transportieren sei. Aber wofür haben die Münsterländer ihr Platt, in dem sich selbst Heftiges und Deftiges liebevoll verpacken lässt? So entstand die Idee, dem münsterischen Karneval das Motto zu verpassen: „Wat hebbt se us beschiäten!"

Blieb noch die Frage der korrekten Schreibweise. „Münsters Karnevals-Auguren – wohl der Plattitüden, jedoch weniger des Platten mächtig – wandten sich daraufhin ans Germanistische Institut der Westfälischen Wilhelms-Universität", meldete der Westdeutsche Rundfunk mit unüberhörbarer Süffisanz. Und mit Rücksicht auf die Hörer, die des Plattdeutschen nicht mächtig sind, lieferte der WDR auch Übersetzungshilfen: Man könne, so hieß es da, „Wat hebbt se us beschiäten" frei übersetzen mit „Wie haben sie uns betrogen". Sehr frei ...

Aber dann bekamen Münsters Karnevalisten, um im Bilde zu bleiben, offenbar Schiss vor der eigenen Courage. „Man war unter anderem der Meinung", so resümierte der damalige Verkehrsdirektor Karl-Heinz Henkel schmunzelnd die Diskussion in der Vollversammlung des Bürgerausschusses, „dass die Hochdeutschen das Wort ‚beschiäten' zwar als wesentliche Abmilderung des Wortes ‚beschissen' empfinden, die Plattdeutschen das Wort aber sogar noch als Steigerung des Hochdeutschen ansehen..." Ein anderer erinnerte sich, dass es gewisse Einwände gab – „vor allem von einem Herrn der Stadtverwaltung. Aber hinterher hat er gesagt, es wäre seine Frau gewesen..." Doch als dann auch noch der Oberbürgermeister Bedenken gegen ein Motto anmeldete, „zu dem man erst einen Kommentar als Erläuterung braucht", hatte die Motto-Idee endgültig, pardon, verschissen.

Ach ja, die Karnevalssession 1971/72 stand dann unter dem Motto „Wat häfft wi för'n Theater". Das war zwar auch Plattdeutsch – hinterließ bei den Freunden des originellen Original-Mottos aber ein eindeutiges Gefühl heftiger Enttäuschung, das sich am besten wie folgt beschreiben ließ: „Wat hebbt se us beschiäten!"

Theodor Blieshaimer

Ein Kulturphilosoph, der aus dem Nichts kam...

Im Grunde war er eine tragische Figur. Sein viel beachtetes Hauptwerk hieß „Wege aus dem Nichts". Aber er selbst hat diesen Weg nie gefunden. Prof. Dr. Dr. h.c. Theodor Blieshaimer, der große Kulturphilosoph mit münsterischen Wurzeln, blieb zeitlebens ein Phantom. Ein Nichts, das auf seinem Weg gleichwohl bis in höchste diplomatische Kreise vordrang. Und in den deutschen Bundestag.

Es war im September 1987, als der erst seit einigen Monaten amtierende Bundesminister für Bildung und Wissenschaft, Jürgen Möllemann, sich im Bundestag fragen lassen musste, ob die neue blau-gelbe Farbgebung der ministeriellen Publikationen etwas mit der Partei zu tun habe, der er angehöre – und ob diese indirekte Werbung für die FDP nicht die vom Verfassungsgericht gesteckten Grenzen für die Öffentlichkeitsarbeit der Bundesregierung verletze.

Möllemann bemühte in seiner Antwort nicht nur Goethes Farbenlehre, sondern eben auch den „bekannten Popper-Schüler" Blieshaimer. Und der habe, so ist im offiziellen Bundestagsprotokoll nachzulesen, den beiden Farben folgende Zuordnung gegeben: „Gelb – das ist Beweglichkeit, Streben nach Veränderung, Erlösung und Befreiung, Intuition, Logos und Glaube; Blau – das ist Intellektualität, Wahrheit, Gemüt, Geborgenheit, Treue."

Es war der erste große Auftritt des Kulturphilosophen – den Möllemann und sein Pressesprecher Jürgen Böckling, ebenfalls ein Münsteraner, schlichtweg erfunden hatten. Ein Fake. Man wollte, so erinnerte sich Böckling später, die allgemein verbreitete Wissenschaftsgläubigkeit mal ein bisschen auf die Schüppe nehmen: „Wenn man einen Wissenschaftler bemüht, ist die Ehrfurcht vor der Wissenschaft ja meist so groß, dass niemand auch nur im Ansatz wagt, kritische Fragen zu stellen – oder gar zu sagen: Den kenn' ich nicht." Und sie nannten ihn Blieshaimer.

Im Laufe der Zeit sah man Möllemann dann gelegentlich bei der Lektüre gewichtiger Blieshaimer-Bücher, wozu neben dem Standardwerk „Wege aus dem Nichts" auch „Die neue Übersichtlichkeit" oder „Heute hier und morgen gestern" zählen. Allerdings handelte es sich dabei um Dummys, deren Innenleben, wie Insider zu berichten wussten, aus dem Vorlesungsverzeichnis der Universität Münster bestand.

In einem Interview mit dem Mittagsmagazin erzählte Möllemann überdies von seiner wegweisenden Begegnung mit dem großen Kulturphilosophen: Er habe ihn erstmals als Student getroffen, an einem ziemlich lauen Sommerabend des Jahres 1968, in seiner damaligen Stammkneipe, der Düesberg-Klause in Münster. Bei diesem Interview erfuhr die Weltöffentlichkeit zudem, welche Verdienste der polyglotte Blieshaimer sich um seine westfälische Heimat erworben hat: Er habe nämlich, so Möllemann, in Haiti das „Töttchen" eingeführt, das dort allerdings in größeren Portionen konsumiert werde und deshalb als „Tott" firmiere. Und wenn es heiß serviert werde, heiße es „Hot-Tott".

Bliebe noch zu erwähnen, dass der keineswegs aufgeblasen wirkende Blieshaimer sich auch angesichts der großen Weltprobleme immer den Blick für den Alltag bewahrte. Unvergessen ist beispielsweise, wie er – mit freundlicher Unterstützung seiner „Ghostwriter" – die damals aufkommende Ökowelle und ihre biodynamische Interferenz auf den grünen Punkt brachte: „Selbst Vegetarier beißen ungern ins Gras."

Dass Blieshaimer unsterblich wurde, hat freilich nicht nur mit solchen Weisheiten zu tun. Sondern eben auch mit der Tatsache, dass er nie gelebt hat…

BLUMENKÜBEL

Wenn der Amtsschimmel sich selbst auf die Füße tritt...

Die Bremer Straße gehört nicht zu den ersten Adressen der Stadt. Sie liegt unmittelbar hinter dem Bahnhof. Auf beiden Seiten vier- bis fünfgeschossige schmucklose Wohnhäuser, dazwischen eine Straße, zwei Bürgersteige, zwei schmale Radwege. Und zeitweise ein paar Waschbetontröge, die sich mit karger Bepflanzung bemühten, ein bisschen mehr Wohnqualität ins Quartier zu bringen.

Doch genau die gerieten 1996 ins Visier der städtischen Ordnungshüter. „Nach meinen Feststellungen", so hieß es ganz unverblümt und in schönstem Amtsdeutsch in einem Brief des städtischen Liegenschaftsamtes, der zahlreichen Hauseigentümern zuging, „haben Sie vor dem Haus ... eine Sondernutzung ausgeübt (Aufstellen von Blumenkübeln), ohne im Besitz der für die Sondernutzung der öffentlichen Verkehrsflächen erforderlichen Erlaubnis der Stadt Münster zu sein." Ob eine solche Genehmigung überhaupt möglich ist, so ließ der Liegenschaftshüter weiterhin wissen, „entscheide ich nach Eingang eines entsprechenden Antrages".

Freilich: Diesen Antrag hätte der Hüter der städtischen Verkehrsflächen schon selbst stellen müssen. Denn die Blumenkübel waren einige Jahre zuvor von der Stadt aufgestellt worden – im Rahmen eines Modellprojektes „zur Verbesserung der Wohnqualität". Es gab sogar eine schriftliche Vereinbarung zwischen der Stadt und den Anliegern – in der festgelegt worden war, dass die Stadt Kübel und Erstbepflanzung stellt, während die Hauseigentümer bzw. Mieter sich um die Pflege kümmern.

Die Stadt hatte sich 1996 also quasi selbst zur Ordnung gerufen. Wie es heißt, soll damals sogar der städtische Amtsschimmel gestöhnt haben: „Ich glaub, mich tritt ein Pferd." Schließlich steckte er ganz schön in der Zwickmühle: Sollte sich die Stadt nun selbst nachträglich eine Sondernutzungs-Genehmigung zum Aufstellen der Blumenkübel erteilen? Oder sollte sie hart bleiben – und sich selbst einen Bußgeldbescheid schicken wegen der langjährigen widerrechtlichen Nutzung öffentlicher Verkehrsflächen?

Der Amtsschimmel sprang dann gewissermaßen über seinen eigenen Schatten. Im folgenden Frühjahr ließ die Stadt die Blumenkübel, soweit nötig, auf eigene Kosten neu bepflanzen. Als Wiedergutmachung ...

Und das städtische Presseamt teilte mit, dass das Liegenschaftsamt (das übrigens aufgrund einer Bürger-Beschwerde tätig geworden war) sich selbst eine neue K.O. („Kübel-Ordnung") verordnet habe, deren drei Gebote wie folgt lauten: „1. Du sollst keinen zu Unrecht verdächtigen, Besitzer eines unbotmäßigen Blumenkübels zu sein. 2. Du sollst erst prüfen, ob du selbst Besitzer bist. 3. Du sollst deine diplomatischen Fertigkeiten täglich vervollkommnen, auf dass es dir gelinge, Frieden zwischen Kübel-Gegnern zu stiften."

Cavete

Wie aus einer Schlagzeile eine Studentenkneipe wurde

Über die Stadt Münster ist in den letzten Jahrzehnten viel Schönes und Gutes geschrieben worden. Aber, um der Wahrheit die Ehre zu geben: Es gab auch kritische Artikel. Einer der heftigsten und folgenreichsten erschien 1958 in Münster – und entfachte anschließend einen bundesweiten publizistischen Wirbelsturm, der bis heute sichtbare Spuren im Stadtbild der Westfalenmetropole hinterließ. In Form einer Studentenkneipe…

„Cavete Münster" – auf gut Deutsch: „Meidet Münster" – war der Artikel betitelt, der seinerzeit im „Semesterspiegel", der damaligen Studentenzeitschrift, erschien. Auch der Untertitel verhieß nichts Gutes: „Elegie eines Nicht-Angepassten". Und die Leser wurden nicht enttäuscht. „Heute", so zog der Autor, ein gewisser cand. jur. Wilfried Weustenfeld, vom Leder, „jährt sich das Semester, in dem ein unseliges Schicksal mich nach Münster verschlug, jener Enklave trister Langweiligkeit, wo ich seitdem zu leben gezwungen bin. Welch ein Los!"

Noch eine Kostprobe gefällig? „Arm der Student, der nichts als Münster kennt. Das auffallendste Kennzeichen dieser Stadt ist, daß rein gar nichts los ist! Ein Nirwana auf Erden. Ade, Lebensfreude, Heiterkeit und Humor. Du bist verbannt aus diesen Mauern."

Der Semesterspiegel, so ist überliefert, war schon vergriffen, bevor er überhaupt richtig ausgeliefert war. Viele Interessenten mussten sich mit der hektographierten Weustenfeld-Philippika zufrieden geben. Und während der Autor in die Semesterferien entschwand, entfachte seine Elegie einen Sturm im deutschen Blätterwald. Die „Zeit" amüsierte sich 182 Zeilen lang über die

„Aufregung in der westfälischen Universitätsstadt", die „Welt" brachte es unter der Überschrift „Hüten Sie sich, Herr Weustenfeld" sogar auf 217 Zeilen. Die Süddeutsche Zeitung meldete: „Kandidat Weustenfeld stört den Westfälischen Frieden". Und fast alle zitierten genüsslich einen Brief des damaligen Verkehrsvereins-Geschäftsführers, der den angehenden Juristen dezent hatte wissen lassen, früher habe man solchen Studenten „einfach übers Maul geschlagen".

Der Jura-Student hatte seinen Frust damals nicht nur aus dem fortschreitenden Studium bezogen, das langsam in seine arbeitsintensive Phase eintrat, und aus engstirnigen Zimmerwirtinnen, die ihm sogar den Strom rationierten – sondern auch und vor allem aus der Abwesenheit von Studentenkneipen. Wilfried Weustenfeld hatte vorher vier Semester in Marburg studiert: „Da war alles ganz anders. Gaudeamus igitur. Da sah man die Uni mehr von außen als von innen. Die Studenten soffen das ganze Jahr..." Und in Münster? „Obwohl in Münster über 9000 Studenten leben", so mäkelte der Student damals, „gibt es nicht ein einziges (!) Studentencafé, geschweige denn eine -kneipe, -tanzbar oder gar einen Jazzkeller."

Zumindest das sollte sich ändern. Der Rektor der Universität bezuschusste nach dem publizistischen Wirbelsturm eine studentische „Studienreise" in die Kneipenherrlichkeit anderer Universitätsstädte. Und im April 1959 eröffneten Lothar Weldert und Werner Jedamzik, zwei Kandidaten der Philosophie, an der Kreuzstraße eine „akademische Bieranstalt" – damals mutmaßlich das erste von Studenten für Studenten betriebene Bierlokal Deutschlands und überdies die Mutter aller münsterischen Studentenkneipen. Ihr Name: „Cavete".

Ach ja: Der Arnsberger Wilfried Weustenfeld hat später seinen Frieden mit der Stadt Münster gemacht. Und zwei seiner Söhne haben hier studiert. „Die waren begeistert", betonte er 50 Jahre nach dem Cavete-Sturm. Und: „Heute würde ich da auch gerne studieren."

Eduardo Chillida

Sitzgelegenheit für Ideen

Eduardo Chillida zählte zu den weltweit bedeutendsten Bildhauern des 20. Jahrhunderts. Und eines seiner schönsten Werke steht im Innenhof des münsterischen Rathauses, auf dem „Platz des Westfälischen Friedens": Zwei massive Stahl-Bänke, die auf ihre Weise die Idee des Westfälischen Friedens versinnbildlichen – „Toleranz durch Dialog".

Die Chillida-Skulptur gehört heute zu den bekanntesten münsterischen Sehenswürdigkeiten. Aber nur wenige wissen, dass der spanische Bildhauer seine Kunst ursprünglich nicht hinter, sondern vor dem Rathaus präsentieren wollte. Als Chillida, eingeladen zur Teilnahme an der Ausstellung „Skulptur '87", im Jahre 1986 die Stadt Münster besuchte, um sich nach einem geeigneten Betätigungsfeld umzusehen, verliebte er sich gewissermaßen in den Prinzipalmarkt. „Der war vom Prinzipalmarkt regelrecht begeistert und fasziniert", berichtete seinerzeit Prof. Dr. Klaus Bußmann, Direktor des Landesmuseums für Kunst und Kulturgeschichte. Und fügte schmunzelnd hinzu: „Der flippte fast aus!"

Gut möglich, dass auch einige Münsteraner ausgeflippt wären, wenn Chillidas Idee damals tatsächlich realisiert worden wäre: Der Spanier wollte nämlich eine seiner monumentalen Skulpturen – eine 65 Tonnen schwere kubische Stahlplastik, die vor dem Thyssen-Hochhaus in Düsseldorf steht – für die Dauer der Ausstellung nach Münster verfrachten. Und mitten auf den Prinzipalmarkt setzen. Aber der spektakuläre Kunst-Transfer scheiterte letztendlich am

Kunstwerk mit Aufenthaltsqualität: die Chillida-Skulptur „Toleranz durch Dialog" im Rathaus-Innenhof

münsterischen Untergrund: Die ohnehin schon überalterte und sanierungsbedürftige Kanalisation, so meinten die städtischen Experten, hätte diese Belastung nicht ausgehalten.

So kam stattdessen eine zweite Idee zum Zuge, die Eduardo Chillida ebenfalls während seines Münster-Besuchs entwickelt hatte: Er ließ sich vom Friedenssaal des Rathauses und vom Westfälischen Frieden (der ja auch für die Spanier von historischer Bedeutung ist) inspirieren – und entwickelte daraus die Skulptur „Toleranz durch Dialog". Sie wurde im Mai 1993, im Jahr des Stadtjubiläums „1200 Jahre Münster", im Beisein des damaligen Bundespräsidenten Richard von Weizsäcker eingeweiht.

Das Projekt „Toleranz durch Dialog" wurde übrigens gleich zu Beginn einer nachhaltigen Bewährungsprobe unterzogen. Denn natürlich gab es in Münster heftige Diskussionen über das Kunstwerk, nicht alle mochten Chillidas Bänke. Zu denen, die sie von Anfang an gelungen und eindrucksvoll fanden, gehörte Marianne von Weizsäcker. Und was sie besonders gut finde, so fügte die Bundespräsidenten-Gattin bei der Einweihung an: „Man darf sich darauf setzen, die Idee in den Alltag hineinnehmen und darüber diskutieren." Und der Künstler erläuterte bei der Einweihung auch, warum die imposanten Stahl-Bänke, obwohl als Ort zum Reden gedacht, nicht besonders bequem geraten seien: „Sie sind nicht dafür bestimmt, Körper aufzunehmen, sondern Ideen."

DOM

Was die Keller-Fenster und das Himmelstelefon gemeinsam haben

Der St.-Paulus-Dom symbolisiert wie kein anderes Bauwerk die mehr als 1200-jährige Geschichte des Bistums Münster. Obwohl er in punkto Alter natürlich nicht mit dem Bistum mithalten kann. Der jetzige Bau geht auf das 13. Jahrhundert zurück. Und er wurde im Laufe der Jahrhunderte immer mal wieder verändert. Nicht zuletzt nach den Bombentreffern des Zweiten Weltkriegs, denen unter anderem das spätgotische Westportal zum Opfer gefallen war.

Und genau darum gab es lange und hitzige Diskussionen. Denn während beim Wiederaufbau ansonsten durchaus Wert auf Rekonstruktion gelegt wurde, sollte die Westfront ein ganz neues Gesicht bekommen: Statt der reich verzierten Fassade mit Portal und Maßwerkfenstern, Fialen und Figuren sahen die Planungen eine schlichte Sandsteinwand mit 16 kreisrunden Fenstern vor, die an das ursprüngliche romanische Westwerk erinnern sollte.

Die Diskussion um diese Pläne entzweite die Katholiken und den Klerus – und füllte wochenlang die Leserbriefspalten der Westfälischen Nachrichten. Der Rat der Stadt Münster sprach sich schließlich mehrheitlich gegen den Entwurf aus. Aber der damalige Bischof Michael Keller und das Domkapitel ließen sich von all den Protesten nicht beirren. Als der Dom Mitte der 1950er Jahre wieder eingeweiht wurde, hatte das Westwerk als einzigen Schmuck 16 schlichte Rundfenster – die von enttäuschten Münsteranern mit Blick auf den bischöflichen Bauherrn sogleich „Keller-Fenster" oder gar „Keller-Löcher" getauft wurden.

Die Westfassade des Domes mit der viel diskutierten „Seelenbrause"

Aber auch darüber hinaus war die neue Westfassade eine wahre Fundgrube für den westfälischen Volksmund. Der sprach alsbald auch von „Seelenbrause" oder „Heilig-Geist-Brause", von „Himmelstelefon" oder „Wählscheibe Gottes". In kirchlichen Kreisen ging man etwas dezenter mit den Fassaden-Löchern um. Da wurde der äußere Kreis mit seinen zwölf Fenstern als „Apostel-Ring" und der innere Kreis mit seinen vier Fenstern als „Evangelisten-Ring" bezeichnet.

Heute würde der Volksmund vermutlich ganz anders auf die Fassaden-Gestaltung reagieren. Bezeichnungen wie „Himmelstelefon" oder „Wählscheibe Gottes" kann man sich im Handy-Zeitalter jedenfalls kaum noch vorstellen…

EINBAHNSTRASSE

Wenn Richtungskämpfe in die Sackgasse führen

Es war kurz nach der kommunalen Neuordnung, in der zweiten Hälfte der 1970er Jahre. Die Bezirksvertretungen, die politisch zuständigen Gremien für die neu gebildeten Stadtbezirke, suchten noch nach den richtigen Wegen, um ihre Macht und Zuständigkeit zu festigen. Und fanden sie unter anderem in einer Einbahnstraße…

Einbahnstraßen galten damals als probates Mittel, um den Verkehr zu bewältigen und zu beruhigen. Und die Bezirksvertretung Münster-West hatte sich vorgenommen, eine Straße in ihrem Zuständigkeitsbereich zur Einbahnstraße zu machen. Die Fachleute aus dem Planungsamt der Stadtverwaltung waren freilich strikt dagegen. Die Straße sei als Einbahnstraße nicht geeignet, befanden sie – und plädierten vehement dafür, es beim Zweirichtungsverkehr zu belassen. Aber die Experten hatten keine Chance. Denn sie sahen sich einer überbreiten Mehrheit gegenüber: Sowohl die CDU- als auch die SPD-Vertreter wollten die Einbahnstraße.

Dass am Ende doch alles beim Alten blieb, hatte mit politischen Richtungskämpfen zu tun. Der CDU schwebte eine Einbahnstraße in der einen Richtung vor (vermutlich von links nach rechts), die SPD hätte es lieber genau andersherum gesehen. So standen sich in der entscheidenden Sitzung der Bezirksvertretung zwei Richtungsanträge diametral gegenüber. Mit dem Ergebnis, dass keiner die erforderliche Mehrheit bekam.

Man könnte glatt vermuten, dass bei dieser Gelegenheit das Sprichwort „Wenn zwei sich streiten, freut sich der dritte" entstanden wäre – wenn es das nicht schon längst vorher gegeben hätte…

VERKEHR

Viele Fahrräder – und Ausreden

Münster ist schon zweimal vom ADFC zu Deutschlands fahrradfreundlichster Großstadt gekürt worden – und fühlt sich ohnehin als Deutschlands Fahrradhauptstadt. Nicht ohne Grund. 38 Prozent des innerstädtischen Verkehrs werden in der Westfalenmetropole mit dem Fahrrad – oder mit der Leeze, wie die Münsteraner ihren Drahtesel gerne nennen – erledigt. Mehr als in jeder anderen Großstadt.

Das sind gewaltige Pluspunkte für die Stadt, denn das kollektive Fahrradbewusstsein ist gleichermaßen wirksam gegen Verkehrs- und Herzinfarkte. Aber es ist nicht frei von Nebenwirkungen. So hat Münster traditionell die höchsten Fahrraddiebstahl-Zahlen, was dem Polizeipräsidenten obendrein noch die allgemeine Kriminalstatistik versaut. Überdies sind natürlich auch Fahrradfahrer nur ganz normale Verkehrsteilnehmer. Und manche von ihnen meinen, wenn sie schon das Fahrrad genommen hätten, könnten sie im Straßenverkehr gar nichts mehr falsch machen.

Und dementsprechend fallen auch die Ausreden aus, wenn die Polizei Radler zur Rede stellt. So geben Radfahrer, die auf Bürgersteigen oder in einer Fußgängerzonen angetroffen wurden, schon mal zu Protokoll: „Ich habe gehört, Münster sei eine Fahrradstadt und man darf hier überall fahren." Und ein hoffnungsvoller Jura-Student sagte: „Ich wohne erst seit einer Woche in Münster. Mir war nicht bekannt, dass die Polizei so was kontrolliert."

Eine Studentin, die nach Mitternacht unbeleuchtet – genauer: mit einem unbeleuchteten Drahtesel – in der Promenade unterwegs war, sagte dem Polizeibeamten, sie sei ja nur mit dem Fahrrad gefahren, weil man ja immer höre, dass nachts in den Städten so viel passiere. Deshalb habe sie nicht alleine durch die Dunkelheit gehen wollen. Und dann, mit einem Verständnis heischenden Blick in Richtung Polizei: „Sie wollen doch sicher auch nicht, dass ich überfallen werde?"

Viel Fantasie bewies auch der Radfahrer, der bei stockfinsterer Nacht ebenfalls ohne jegliche Beleuchtung erwischt wurde. „Gut, dass Sie kommen", begrüßte er den Polizeibeamten, „ich bin gerade dabei, den Dieb zu verfolgen, der mir eben meine komplette Lichtanlage geklaut hat." Und ein anderer Radfahrer behauptete, seine Lampe sei ihm gerade eben gestohlen worden. „Dann wollen Sie jetzt wohl Anzeige erstatten?", fragte der Polizeibeamte – und fügte eine kurze Belehrung über das Vortäuschen einer Straftat an. „Ach, nein", winkte der Betroffene daraufhin ab, so wichtig sei ihm die Sache nun auch nicht: „Ich habe ja noch eine Lampe zu Hause."

Damit keine Missverständnisse entstehen: In der Ausreden-Sammlung der Polizei sind auch Autofahrer mit ähnlich amüsanten Argumenten vertreten. Etwa jener, der mit einer „total verdreckten Frontscheibe" angehalten wurde. „Herr Wachtmeister", verteidigte er sich, „ich wollte ja gerade in einer Autowaschanlage fahren." Warum er denn die Waschanlage nicht genommen habe, an der er gerade vorbeigefahren sei, wollte daraufhin der Polizeibeamte wissen. Der Pkw-Fahrer: „Wollte ich ja – aber ich konnte die Einfahrt nicht erkennen…"

MODERNE KUNST

Eine vorübergehend bereifte Laterne

Im November 1996 standen die Münsteraner staunend an der Adenauerallee am Aasee – wo sich eine Fahrraddecke um eine Straßenlaterne gelegt hatte. Und sie diskutierten die naheliegende Frage: Wer kann so gut mit Fahrraddecken werfen, dass sie sich um eine hohe Peitschenlaterne legen – ein Kunststück, mit dem vermutlich selbst Lasso schwingende Cowboys ihre Schwierigkeiten gehabt hätten.

Wie sich schnell herausstellte, war kein Cowboy im Spiel. Es hatte auch niemand die Decke geworfen. Und es war auch keine Leiter benutzt worden. Ganz im Gegenteil: Die Laterne war ausgebuddelt und abgekabelt worden, dann hatte man den Reifen von unten (!) über den Mast geschoben – und die Laterne anschließend wieder eingesetzt.

Das sei kein Kunststück, meinen Sie? Doch, es war eines. Und zwar eines der ganz besonderen Art. Andreas Slominski, aus Meppen stammender Maler und Objektkünstler, hatte sich die ungewöhnliche Laternen-Bereifung ausgedacht – sein Beitrag zur Ausstellung „Skulptur '97".

Dass der Reifen schon im November 1996, also ein halbes Jahr vor Eröffnung der Skulpturen-Ausstellung, um die Laterne gelegt wurde, geschah auf Wunsch des ZDF, das die Buddelei gerne filmen lassen wollte. Gut für das Kulturmagazin „Aspekte", schlecht für das Kunstwerk. Denn der Fahrradreifen, eine Leihgabe vom Dienstfahrrad des Landesmuseums, war schon eine Woche später verschwunden. Unbekannte hatten die Decke wieder entfernt – vermutlich ohne die Laterne auszugraben. Da habe, so argwöhnte einer der Ausstellungsma-

Ein ebenso ungewöhnliches wie kurzlebiges Kunstwerk: die bereifte Laterne

cher, womöglich „das gesunde Volksempfinden für Ordnung gesorgt". Aber niemand weiß, ob nicht vielleicht sogar die städtische Straßenreinigung...

So nahm die Slominski-Installation (Arbeitstitel: „Ausheben der Laterne für das Umlegen des Reifens") nur virtuell an der Skulpturen-Ausstellung teil. Und auf einem Schild, das an der – dann natürlich nur noch unbereiften – Laterne über die Angelegenheit Auskunft gab: „Die Aktion des Künstlers erscheint als eine eigenartige, ‚umständliche' Handlung, deren praktischer Nutzen in keinem Verhältnis zum betriebenen Aufwand steht. So sind das Erstaunen und das Amüsement über die schalkhafte Umständlichkeit der eigentliche Gewinn der Aktion."

BÜRGERMEISTER FRITZ KRÜGER

Diplomatie mit der Schere

Fritz Krüger war womöglich der älteste amtierende Bürgermeister Deutschlands, bevor er 2004 mit stattlichen 82 Jahren das Ehrenamt abgab. „So ganz genau weiß man's nicht", pflegte er mit der ihm eigenen Zurückhaltung zu antworten, wenn er danach gefragt wurde, „aber mir ist jedenfalls keiner bekannt, der mein Alter hat."

Die Weisheit des Alters, die Beredsamkeit des gebürtigen Berliners, die Gelassenheit des überzeugten Wahlmünsteraners und sein ganz persönlicher Charme machten Fritz Krüger zu einem sehr beliebten Bürgermeister. Und überdies zu einem, der auch schwierige Situationen geschickt zu meistern verstand.

Vor eine solche sah sich Fritz Krüger gestellt, als er eines Tages einer südafrikanischen Diplomatin gegenüber stand. Die hatte an einer Veranstaltung in Münster teilgenommen und sollte nun im Friedenssaal des Rathauses empfangen werden. Das Problem: Sie kam ausgerechnet am Tag der Weiberfastnacht. Und das erforderte natürlich erhöhte Sicherheitsvorkehrungen – denn, so Krüger: „Ab mittags ist ja hier der Bär los."

Die Diplomatin wurde deshalb über den Hintereingang ins Rathaus gelotst – wo sie sich natürlich sogleich nach der Ursache des ganzen Trubels erkundigte. Also erläuterte ihr der Bürgermeister mit Hilfe eines Dolmetschers so gut es ging den Sinn des Karnevals im Allgemeinen und die Feinheiten der Weiberfastnacht im Besonderen. Unmittelbar danach konnte sich Fritz Krüger davon überzeugen, dass die Dame seine

Erklärungen bestens verstanden hatte – und dass er auch in diesem Falle den richtigen Ton getroffen hatte: „Da holte sie eine Schere aus ihrer Handtasche – und schnitt uns die Schlipse ab!"

Hans-Dietrich Genscher und Eduard Schewardnadse

Maßanfertigung von der Feuerwehr

Im Sommer 1990 wurde am Prinzipalmarkt Weltgeschichte geschrieben. Oder zumindest besprochen: Der damalige sowjetische Außenminister (und spätere georgische Präsident) Eduard Schewardnadse und der frühere deutsche Außenminister Hans-Dietrich Genscher trafen im münsterischen Rathaus zu einem Vier-Augen-Gespräch zusammen. Und das städtische Protokoll rotierte. Schließlich wollte man vor den Augen der Weltöffentlichkeit einen guten Eindruck machen.

Als ganz spezielles Problem erwies sich die Sache mit dem Goldenen Buch. Das liegt im Friedenssaal traditionsgemäß vorne auf dem sogenannten Richtertisch. Wenn sich prominente Besucher darin verewigen, stehen sie mit dem Rücken zum Raum. Aber das war in diesem Fall undenkbar. Zum einen hätte die erwartete Fotografenmeute kaum eine Chance für ein vernünftiges Bild gehabt, weil sie die Gäste beim Schreibakt nur von hinten zu sehen bekommen hätte. Und zum anderen, so wusste jemand, seien „Minister von hinten" ohnehin tabu – und berief sich auf einschlägige Hinweise aus dem Auswärtigen Amt. Genscher stehe nicht gerne mit dem Rücken zum Publikum und wolle vor allem nicht von hinten fotografiert werden. Wegen der Ohren, wie die Münsteraner schlussfolgerten.

Was tun? Münsters Oberbürgermeister sei erst dagegen gewesen, dass das Goldene-Buch-Procedere für den Außenminister geändert werde, so ist überliefert. Aber dann habe er im Interesse des Weltfriedens eingelenkt. Also musste ein neuer Stehtisch her, der so aufgestellt werden konnte, dass Minister und Fotografen zu ihrem Recht kamen. Er musste so stabil sein, dass er den Ellenbogen eines durchsetzungsfähigen Ministers standhielt – und so repräsentativ, dass er in den Friedenssaal passte.

Aber wo bekommt man auf die Schnelle einen solchen Tisch her? Da fiel dem städtischen Protokollchef die Feuerwehr ein. Und deren Hausschreiner schaffte es denn auch, innerhalb kürzester Zeit das gewünschte Stehpult zurechtzuzimmern. Alle waren zufrieden. Auch wenn die Höhe nicht ganz stimmte. 110 Zentimeter hatte der Protokollchef vorgegeben. Aber am Ende kam das Möbel auf 112 Zentimeter. Und das nicht etwa aus Versehen, wie die Feuerwehr später verriet, sondern mit voller Absicht: „Ist doch klar. 112 – das ist der Notruf der Feuerwehr."

Übrigens: Auch für den sowjetischen Außenminister wurde im Rathaus eine Extrawurst gebraten – weil Schewardnadse eine besondere weißrussische Leidenschaft nachgesagt wurde: „Er liebt alles in Weiß." Nun war es zwar zu spät, das Rathaus umzustreichen – aber es gab andere Möglichkeiten, dem Gast eine Freude zu bereiten. So wurde beispielsweise die Prominenten-Toilette im Rathaus, einst für die niederländische Königin geschaffen, ganz in Weiß dekoriert: weiße Vorleger, weiße Handtücher, weiße Seife. Erst bei der letzten Rathaus-Inspektion fiel den Rathaushütern eine pastellfarbene Panne ins Auge: rosa Klopapier im weißen Ambiente. Diesmal brauchte die Feuerwehr nicht bemüht zu werden. Ein Hausmeister rettete die Situation – mit einem Blitzbesuch in einem nahegelegenen Kaufhaus.

Indes: Für Eduard Schewardnadse blieb die nachgeschobene weiße Rolle ein „Geheimpapier". Wie aus gut unterrichteten Kreisen verlautete, benutzte er das ganz normale Herrenklo in der zweiten Etage…

Goldener Hahn

Der Ehrentrunk und der Vortrinker

Als die Stadt Münster einst belagert wurde, beschloss ein verzweifelter und hungernder Ratsherr, seinen letzten Hahn zu schlachten. Dabei stellte er sich jedoch so dusselig an, dass der Hahn ihm entfleuchte und aufgeregt davonflatterte – direkt auf das Aegidiitor. Die Belagerer vor dem Stadttor rieben sich verwundert die Augen: Sie waren überzeugt, dass die Stadt schon unter einer galoppierenden Hungersnot leide und sich bald ergeben werde. Aber wenn das Federvieh so durch die Gegend flatterte, so folgerten sie, könne es mit der Hungersnot noch nicht so weit her sein – und zogen entnervt von dannen. Der dankbare Ratsherr ließ daraufhin einen Goldenen Hahn anfertigen, der noch heute zum Ratsschatz gehört.

Das sagt die Sage. Aber es gibt dafür leider keinerlei Belege. Als sicher gilt lediglich, dass der Goldene Hahn – der größtenteils aus Silber besteht und mit einigen Vergoldungen versehen ist – Anfang des 17. Jahrhunderts vom Rat der Stadt angekauft und dem Ratssilber einverleibt wurde.

Der Kopf des Vogels ist abnehmbar, so dass der Hahn als Trinkpokal verwendet werden kann. Und davon macht der Oberbürgermeister reichlich Gebrauch. Allerdings nicht selbst. Der Goldene Hahn wird vielmehr prominenten Besuchern zum sogenannten Ehrentrunk gereicht, nachdem sie im Friedenssaal empfangen worden sind und sich in das Goldene Buch der Stadt Münster eingetragen haben.

Im Goldenen Hahn – genauer: im eingearbeiteten Trinkgefäß – befindet sich normalerweise fränkischer Weißwein.

Aber auf besonderen Wunsch wurde auch schon mal Rotwein eingefüllt. Oder Wasser.

Der Oberbürgermeister trinkt selbst übrigens nicht mit, er kredenzt den Ehrentrunk nur seinen Gästen. Allerdings ist eine Ausnahme bekannt. Als Dr. Albrecht Beckel, Oberbürgermeister von 1964 bis 1972, seinerzeit einem ausländischen Staatsgast den Goldenen Hahn zum Ehrentrunk reichte, gab der – und das wohl nicht aus purer Höflichkeit, sondern aus traditioneller Vorsicht, wie man sie zu Zeiten des Kalten Krieges für angebracht hielt – das Gefäß lächelnd zurück: „You first" – Sie zuerst!

Dr. Werner Pierchalla, Oberbürgermeister von 1972 bis 1984, pflegte diese Anekdote schon mal zu erzählen, wenn er prominente Besucher im Friedenssaal empfing – so auch 1975, als der damalige Außenminister und Vizekanzler Hans-Dietrich Genscher in Münster weilte. Pierchalla reichte ihm danach den Goldenen Hahn mit der Bemerkung: „Sie können ruhig trinken, auch wenn ich der CDU angehöre." Der FDP-Politiker Genscher unterzog sich lächelnd dieser Mutprobe – und betonte nach dem ersten Schluck: „Sie sehen, ich habe ohne Vortrinker den Wein genossen…"

Helma Sjuts

Warum eine Pantoffelheldin in die Luft ging

Sie gilt als erfolgreichste Gasballonfahrerin der Welt, verbrachte mehr als 6000 Stunden in der Luft, sammelte zahllose Siege, Titel und Rekorde. Dabei hatte sie diesen Sport erst in einem Alter entdeckt, in dem andere dem Wettbewerbssport meist längst ade gesagt haben: Helma Sjuts war 50, als sie zum ersten Mal in einen Ballonkorb kletterte.

1969. Helma Sjuts, in Münster auch als Direktorin der Paul-Gerhardt-Realschule und als Mitglied des Stadtrates bekannt, war damals Vorstandsmitglied des Stadtsportbundes. In dieser Funktion nahm sie an der Eröffnung einer großen Ballonwettfahrt auf der Sentruper Höhe teil. Und weil man ihr bedeutet hatte, sie könne möglicherweise in einem Ballon mitfahren, hatte sie sich entsprechend vorbereitet – eine lange Hose angezogen, ein paar billige Turnschuhe erworben („Für 3,95 Mark"), zwei Tafeln Schokolade eingepackt („Als Verpflegung") und eine Flasche Sekt eingesteckt („Weil ich gehört hatte, dass man da auch getauft wird.").

Doch als man endlich einen Korb gefunden hatte, in dem noch ein Plätzchen frei war, bekam Helma Sjuts einen Korb: „Nä", beschied der Pilot nach einem kritischen Blick auf die potenzielle Mitfahrerin kurz und bündig, „Frauen mit Pantoffeln nehme ich nicht mit." Aber nach einigem Hin und Her ließ er sich doch noch erweichen. Helma Sjuts kam zu ihrer ersten Ballonfahrt.

Es war ein „Schlüsselerlebnis", sagte sie später. Und das wohl in zweifacher Hinsicht. Zum einen war die 50-jährige hin und weg: „Das war so toll, das hat mich einfach nicht mehr losgelassen." Zum anderen hat es sie ganz gewiss gewurmt, dass man sie als „Pantoffelheldin" belächelt hatte. Das, so gab sie später mal zu Protokoll, habe sie nicht auf sich sitzen lassen wollen.

Noch im Jahr 1969 wurde sie Mitglied (später auch Präsidentin) des Freiballonsportvereins Münster-Münsterland, 1970 machte sie den Pilotenschein – und dann legte sie los. Als die „Balloness von Münster", wie sie hierzulande liebevoll genannt wurde, im Jahre 2000 den Pilotenschein wieder abgab, galt sie als „Grande Dame des Ballonsports". Sie hatte mehr als 1100 Ballonfahrten absolviert und weit über 100 000 Kilometer in der Luft zurückgelegt – und dabei beinahe alle Männer dieses Sports weit hinter sich gelassen. Auch den, der ihr dereinst wegen ihrer „Pantoffeln" die Mitfahrt verweigern wollte.

MODE

Als man aus Hosen noch Skandale machen konnte…

Emanzipation war hierzulande wohl noch ein Fremdwort, als die SPD-Abgeordnete Lenelotte von Bothmer am 15. April 1970 den Deutschen Bundestag betrat – und damit einen mittelprächtigen Skandal auslöste: Denn sie trug einen Hosenanzug. Als erste Frau in diesem Hohen Hause. Und mit dem erklärten Ziel, den damaligen Bundestagsvizepräsidenten Richard Jaeger (CSU) ein bisschen zu ärgern. Denn der hatte kurz zuvor erklärt, er werde es keiner Frau erlauben, das Plenum in Hosen zu betreten. Und ähnlich wie Jaeger dachten wohl auch etliche andere Zeitgenossen. Lenelotte von Bothmer erhielt nach ihrem Hosen-Auftritt jedenfalls etliche böse Briefe, einer bescheinigte ihr unumwunden, sie sei keine Dame.

Als der Bundestag und die deutsche Öffentlichkeit ob der modischen Rebellion den Atem anhielten, hatte Münsters Rat den „Skandal" schon hinter sich. Denn Rosemarie Kaltegärtner war deutlich schneller als Lenelotte von Bothmer. Am 9. März 1970, also rund sechs Wochen vor der Bundestagspremiere, erschien die SPD-Ratsherrin – die Bezeichnung Ratsfrau wurde erst später gebräuchlich – mit einem schicken Hosenanzug zur Ratssitzung und führte das vermeintlich männliche Beinkleid in die münsterische Rathausgeschichte ein.

Allerdings hielt sich die Aufregung in Münster in Grenzen – sei es, dass die Münsteraner schon damals besonders fortschrittlich waren, sei es, dass sie die historische Dimension der Hosen-Premiere nicht richtig mitbekommen hatten. Zu letzteren gehörte wohl auch der damalige Oberbürgermeister

Dr. Albrecht Beckel. Er gab jedenfalls später zu Protokoll, er habe den Vorfall gar nicht bemerkt. Weshalb Frau K. anschließend „sichtlich böse" gewesen sei. Der damalige Bürgermeister Josef Prochaska gab sich im Nachhinein dagegen generös: „Wir haben keine Kleiderordnung im Rat und handhaben solche Dinge außerordentlich großzügig."

Diese Großzügigkeit hatten aber wohl nicht alle. Die Ratsfrau mit dem Hosenanzug berichtete jedenfalls später, sie habe sich nach der denkwürdigen Ratssitzung einige spitze Bemerkungen anhören müsse – nach dem Motto: Sie sei ja nun die erste gewesen, die im altehrwürdigen münsterischen Rat…

Mehr Aufregung gab es dort 13 Jahre später, als die (nicht vorhandene) Kleiderordnung von zwei Männern strapaziert wurde: Die grünen Ratsmitglieder Olaf Steinmeyer und Harald Wölter erschienen 1984 zu einer Ratssitzung (in der es unter anderem um ein Grundwasser-Problem ging) im Bademantel…

RATHAUS

Ein Klo namens „Julchen"

Im münsterischen Rathaus gab es lange Zeit ein stilles Örtchen, das – vielleicht einzigartig auf der Welt – einen Namen hatte. Es wurde ebenso liebe- wie respektvoll „Julchen" genannt.

Julchen erblickte 1971 das Licht dieser Welt. Damals hatte sich das niederländische Königspaar, Königin Juliana und Prinz Bernhard, zu Besuch angesagt. Und weil das, gut 25 Jahre nach dem Ende des Krieges und ein gutes Dutzend Jahre nach dem Wiederaufbau des Rathauses, ein ungewöhnliches und herausragendes Ereignis für die Stadt war, verwandte man viel Sorgfalt auf die Vorbereitung des königlichen Empfangs. Und irgendwann tauchte dann die Frage auf, die der damalige städtische Protokollchef Hans Geukes später so beschrieb: „Kann man der Königin zumuten, im Falle eines Falles…?"

Kann man nicht, entschied das städtische Empfangskomitee. Und deshalb wurde im Rathaus beziehungsweise im Stadtweinhaus auf der Etage, auf der sich auch der Festsaal befindet, eine Extra-Toilette gebaut – eben die, die später „Julchen" genannt wurde.

Die Stadt ließ sich das Wohlergehen der Königin also einiges kosten. Und den damaligen Protokollchef Hans Geukes kostete die Sache obendrein noch eine Kiste Bier. Die ging an den Hausmeister des Rathauses – mit dem Geukes gewettet hatte, ob die exklusive Sitzgelegenheit genutzt würde oder nicht. Um der Wahrheit die Ehre zu geben: Sie wurde nicht genutzt. Juliana hat Julchen nie gesehen.

Heute wäre Julchen sicher eine touristische Sehenswürdigkeit mit zeitgenössischer Bedeutung. Aber man sucht das geschichtsträchtige Örtchen vergeblich. Die elitäre Gästetoilette wurde 1998 wieder beseitigt.

Henry Kissinger

Ein konspirativer Besuch im Friedenssaal

Prominente Besucher werden im münsterischen Rathaus normalerweise mit allen protokollarischen Ehren empfangen. Nur einer kam bei Nacht und Nebel – und wurde in einer beinahe konspirativen Aktion eingeschleust: der ehemalige amerikanische Außenminister Henry Kissinger.

Man schrieb das Jahr 1988. Hans Geukes, seinerzeit Leiter des städtischen Werbe- und Verkehrsamtes sowie Protokollchef des Oberbürgermeisters, saß am Abend mit weiteren Vertretern der Stadt und einigen Repräsentanten der Partnerstädte York und Orléans in der Gaststätte Stuhlmacher am Prinzipalmarkt, als der Gastwirt Franz Feldhaus ihn aufgeregt ansprach: „Kissinger ist in Münster. Die wollen gleich hierhin kommen."

In der Tat: Der frühere US-Außenminister hatte im Hotel Krautkrämer in Münster-Hiltrup einen Vortrag gehalten und anschließend – angeregt durch die Frage einer Zeitungsfotografin: „Haben Sie eigentlich etwas Zeit gehabt, sich unsere schöne Stadt anzusehen?" – Appetit auf einen Stadtbesuch bekommen.

Wenig später – nach einem kleinen nächtlichen Bummel über Domplatz und Prinzipalmarkt – sitzt die hochkarätige Korona bei Stuhlmacher. Die Stimmung ist gut, dem Amerikaner scheinen Stadt und Stuhlmacher, Bier und Begleiter zu gefallen. Letztere schwärmen weiter von ihrer schönen Stadt. Und plötzlich taucht die Frage auf: „Der Kissinger möchte so gerne mal den Friedenssaal sehen. Lässt sich das machen?"

Protokollchef Hans Geukes hat zwar einen Schlüssel vom

Rathaus. Aber der Friedenssaal, gewissermaßen das Allerheiligste des Rathauses, ist extra gesichert – mit einem heißen Draht zur Polizei. So bleibt Geukes nichts anderes übrig, als bei der Polizei anzurufen. Wo er mit seiner Geschichte erst mal Heiterkeit erntet: „Kann ja jeder sagen."

Geukes schafft es dennoch, die Beamten von der weltpolitischen Dimension seines Anliegens zu überzeugen. Wenig später fährt die Polizei am Rathaus vor. Und mittlerweile ist auch der Hausmeister vor Ort: „Sollen wir das Goldene Buch rausholen?" Geukes winkt ab, schließlich handele es sich um einen mehr oder weniger inoffiziellen Besuch…

Die Fotografin, immer auf der Suche nach attraktiven Motiven, ist enttäuscht. Und entwickelt einen Alternativvorschlag: Wie wäre es denn, wenn sich Herr Kissinger in das Gästebuch eintrage – wohlgemerkt, in das ganz normal ausliegende Gästebuch, und nicht in das Goldene Buch der Stadt, das nur bei besonderen Anlässen aus dem Schrank geholt wird. Gesagt, getan. Und der gut gelaunte Kissinger schreibt: „It's an extraordinary opportunity to share a part of history." Eine ungewöhnliche Gelegenheit, ein Stück Geschichte zu erleben…

Am anderen Tag steht die Geschichte in der Zeitung. Die Westfälischen Nachrichten berichten in großer Aufmachung über „Kissingers nächtlichen Besuch im Friedenssaal". So erfährt auch der Oberbürgermeister vom nächtlichen Treiben in seinem Rathaus. Und er ist offenbar nicht begeistert. Der Protokollchef erinnerte sich später jedenfalls, dass er einen „etwas frostigen Anruf" vom Chef bekommen habe – mit der Bitte um Stellungnahme.

Geukes schreibt einen zwei Seiten langen Vermerk. Dass man sich verpflichtet gefühlt habe, ein wichtiger Gast, im Interesse der Stadt undsoweiterundsoweiter. Bei der Gelegenheit informiert er den OB auch darüber, dass man die Kissinger-Seite natürlich sofort sichergestellt habe, um sie vor Souvenir-

Jägern zu sichern. „Wir haben die Seite aus dem Gästebuch herausnehmen lassen, soll sie ins Goldene Buch überklebt werden?" Die Antwort kam postwendend, so Geukes: Nein, sie solle bleiben, wo sie ist. Das war damals eine Schublade in Geukes' Büro.

KRAMERMAHL

Die Pumpernickel-Pfeife

Das Kramermahl, das der Verein der Kaufmannschaft zu Münster von 1835 alljährlich zu Beginn des Jahres im Festsaal des Rathauses ausrichtet, hat eine lange Tradition. Und es gehört zu den gesellschaftlichen Höhepunkten im münsterischen Terminkalender.

Das Festessen, zu dem der Verein der Kaufmannschaft Repräsentanten aus allen Bereichen des öffentlichen Lebens sowie einen prominenten Festredner einlädt, unterliegt einem traditionellen Zeremoniell. Dazu gehört auch die Speisenfolge. Als Vorspeise gibt es Bauernbrot mit Schinken, als Hauptgang Grünkohl mit Mettwurst und als Nachtisch Stippmilch mit Schwarzbrot- bzw. Pumpernickel-Bröseln. Und zum Ende des Festmahles, so will es die Tradition, wird auch noch Tabak gereicht. Damit sich die Teilnehmer die traditionelle Kramermahl-Pfeife stopfen können.

Bei dieser Gelegenheit stecken sich auch schon mal solche Leute eine Pfeife an, die dem Rauchen eigentlich abgeschworen haben. Sei es, weil sie einfach Freude an der Tradition haben. Sei es, dass sie es spannend finden, dem Rauchverbot mal ein Schnippchen zu schlagen – denn normalerweise ist das Rauchen im Rathaus untersagt, nur beim Kramermahl wird der Tradition zuliebe eine Ausnahme gemacht.

Und zu dieser besonderen Sorte von Gelegenheitsrauchern gehörte wohl auch jener bekannte münsterische Kommunalpolitiker, der es beim Kramermahl 2009 besonders eilig hatte, seine Pfeife zu stopfen. Und das zu einem Zeitpunkt, als der Tabak noch gar nicht auf dem Tisch stand. Weshalb er, ins

Gespräch vertieft, beherzt in das Pumpernickel-Pöttchen griff und die Pfeife mit den Schwarzbrot-Bröseln füllte.

Nur dem mutigen Eingreifen eines gegenübersitzenden Bankers ist es zu verdanken, dass die ungewöhnliche Pfeifen-Füllung nicht auch noch in Brand gesetzt wurde. So kam es, dass an diesem Abend an diesem Tisch auch über die Frage diskutiert wurde, was der Kramermahl-Atmosphäre wohl abträglicher wäre – Stippmilch mit Tabak oder Pfeife mit Pumpernickel.

Inzwischen sind einige Jahre ins Land gegangen. Und das Rauchverbot hat sich weiter verschärft. Gut möglich, dass die Pumpernickel-Pfeife vor diesem Hintergrund doch noch mal zu Ehren kommt – als einzige Möglichkeit, um die Tradition der Kramermahl-Pfeife zu wahren. Denn wer Pumpernickel pafft, gilt sicher nicht als Raucher. Sondern allenfalls als Toaster...

FUSSBALL-WM

Als Cruyff und Co. bei Krautkrämer baden gingen

Fußballgeschichte wird normalerweise auf dem Fußballplatz geschrieben – getreu der Devise, die der bekannte Fußballspieler und -trainer Alfred („Adi") Preißler einst ausgegeben hat: „Entscheidend is auf'm Platz." Aber es gibt auch mindestens eine Ausnahme: Bei der Fußballweltmeisterschaft 1974 wurde Fußballgeschichte in einem münsterischen Gewässer geschrieben – im Swimming-Pool des Waldhotels Krautkrämer am Hiltruper See.

Die niederländische Nationalelf hatte sich dort 1974 einquartiert. Und die Holländer entwickelten damals ihren ganz eigenen Stil – auf dem Platz und im Quartier. Während die deutsche Nationalelf in Malente einen auf Jugendherberge machte und sich zwischendurch auch mal einen Lagerkoller gönnte, ließen es sich die Holländer am Hiltruper See gut gehen. „Die waren locker-flockig, und über die ganze Zeit herrschte hier eine unheimlich tolle Atmosphäre", erinnerte sich Hotelier Hans-Joachim Krautkrämer später.

Besonders locker-flockig ging es am 30. Juni 1974 zu – nachdem das Oranje-Team die DDR mit 2:0 geschlagen und damit das Tor zum Endspiel ganz weit geöffnet hatte: Das Hotel in Münster erlebte eine Riesenparty, die „Cats" spielten, die Spieler feierten, es wurde so manche Flasche geköpft. Und irgendwann wurde der Swimming-Pool dann zum Mittelpunkt jenes Geschehens, das die Bild-Zeitung anschließend mit der schönen Schlagzeile würdigte: „Cruyff, Sekt, nackte Mädchen und ein kühles Bad".

Hans-Joachim Krautkrämer amüsierte sich auch Jahrzehnte später noch über den Wirbel, den die Pool-Party entfachte. Nackte Mädchen, so sagte er lächelnd, habe er damals nicht gesehen: „Das ist die Mär." Im Wasser seien nur ein paar Spieler gewesen. Und einige seiner Freunde. Und drei Freundinnen. „Alles ganz harmlos."

Die Harmlosigkeit gehört heute zu den Legenden der Fußballgeschichte. Und an den Stammtischen wird immer mal wieder gerne darüber diskutiert. Manche meinen, holländische Journalisten hätten die Enthüllungen gepusht, um das eigene Team anzustacheln. Andere sind überzeugt, die nämliche Nacht habe die Niederländer den WM-Sieg gekostet. Was Adi Preißler wohl dazu gesagt hätte …

Theater

Wo der Himmel voller Lampen hängt…

In anderen Theatern hängt der Himmel bisweilen voller Geigen. Nämlich dann, wenn die Operette „Der liebe Augustin" von Leo Fall gegeben wird. Im münsterischen Theater hängt der Himmel voller Lampen. Immer. Denn die Lampen gehören zum ständigen Inventar. Sie sind quasi zu einem Markenzeichen des münsterischen Theaters geworden.

Aber kaum jemand ahnt, dass das optische Markenzeichen des münsterischen Theaters akustische Ursachen hat. Im Gegensatz zu den klassischen Theatern ist der münsterische Bau, Mitte der 1950er Jahre erstanden, nicht sehr tief, alle Zuschauer, auch die auf den Rängen, sitzen relativ nahe an der Bühne. So habe es der Intendant gewünscht, wurde später kolportiert: Auch die Zuschauer in der letzten Reihe sollten noch mit faulen Eiern und Tomaten bis auf die Bühne werfen können…

Nun braucht man aber für die Akustik, insbesondere bei musikalischen Aufführungen, ein gewisses Raumvolumen. Und deshalb wurde seinerzeit für das münsterische Theater ein ganz neuer Weg entwickelt, wie Harald Deilmann, einer der vier Architekten, erläuterte: „Der Dachraum wird für den Nachhall mit in Anspruch genommen." Im Klartext: Im Dachraum wurden halbkugel- und walzenförmige Reflexionskörper untergebracht. Und da kommen die Lampen ins Spiel. Deilmann: „Sie verdecken den Einblick in diese Technik."

Nicht alle mögen den Lampenhimmel, aber kaum jemand kann sich seiner Faszination entziehen. Immer wieder kann man Theaterbesucher sehen, die den Kopf in den Nacken legen, um die Lampen zu zählen – oder zumindest jene, die ge

Im Theater Münster hängt der Himmel voller Lampen…

rade nicht funktionieren. Und wie viele Lampen sind es nun tatsächlich? So ganz genau weiß das vermutlich niemand. Architekt Harald Deilmann sprach schlicht und einfach von „tausend Lampen". Aber es gibt auch Leute, die schwören, es handele sich um „tausendundeine Lampe"…

AUSZEICHNUNGEN

Von der Schönsten zur Lebenswertesten

Viele Münsteraner haben es schon immer gefühlt. Aber 2004 wurde es quasi auch amtlich bestätigt. In jenem Jahr errang Münster den „LivCom Award" und wurde damit zur „lebenswertesten Stadt der Welt" gekürt. Da flippte selbst der sonst so besonnene Oberbürgermeister Dr. Berthold Tillmann aus und bejubelte den Sieg in diesem urbanen Wettbewerb mit dem Schlachtruf: „Wir haben Gold, Gold, Gold, Gold, Gold!"

Zugegeben, es handelt sich um einen (übrigens vom Umweltprogramm der Vereinten Nationen unterstützten) Wettbewerb, der jährlich ausgeschrieben wird, so dass zwangsläufig auch andere Kommunen in den Genuss solcher Superlative kommen. Aber Münster ist nach wie vor die einzige deutsche Großstadt, die sich mit diesem Titel schmücken kann.

An internationale Titel solcher Art war 1959 noch nicht zu denken. Aber damals wurde Münster immerhin schon mal zur schönsten deutschen Stadt gekürt. Und zwar vom ersten deutschen Bundespräsidenten, Prof. Theodor Heuss. „Wenn ich in einer schönen Stadt war", so gab Heuss seinerzeit zu Protokoll, „habe ich immer gesagt, sie sei die zweitschönste in Deutschland, ob es nun Bamberg oder Bremen war. Damit provoziere ich die Frage, welche denn die schönste sei. Und dann habe ich gesagt: Münster."

20 Jahre später ging Dr. Hermann Kunst, lange Jahre erster Bevollmächtigter des Rates der Evangelischen Kirche in Deutschland (EKD) bei der Bundesregierung und evangelischer Militärbischof, noch einen Schritt weiter. Bei einem Be-

such in Münster erklärte er 1979 die Westfalenmetropole unverblümt zur schönsten Stadt der Welt. Und auch das geschah mit bundespräsidialem Segen. Denn Bundespräsident Walter Scheel, der an diesem Tag ebenfalls in Münster weilte, widersprach ihm nicht. „Das kann man sagen", betonte Scheel mit diplomatischem Lächeln, „es ist schwer, es zu widerlegen."

OBERBÜRGERMEISTERIN MARION TÜNS

Ein Stadtoberhaupt mit kühner „Behauptung"...

Marion Tüns, Oberbürgermeisterin von 1994 bis 1999, hat in Münster Geschichte geschrieben. Sie war nicht nur die erste Frau in diesem Amt – mit ihr stand erstmals auch ein Mitglied der Sozialdemokratischen Partei und der Evangelischen Kirche an der Spitze der Stadt. Darüber hinaus hat sie sich aber auch einen Stammplatz im westfälischen Anekdoten-Archiv gesichert.

Ende 1994 verursachte Marion Tüns heftige Luftturbulenzen über den münsterischen Stammtischen, als sie der Luftfahrt die legendäre „Lex Baumberge" bescherte. Der Flughafen verführe die Menschen, so sinnierte sie in der Diskussion um die Startbahnverlängerung des Flughafens Münster-Osnabrück – und empfahl fluglustigen Urlaubern stattdessen naheliegende Alternativen: „Die können doch genauso gut ins Sauerland fahren oder in die Baumberge, anstatt eine Woche Urlaub auf Kreta zu verbringen."

Wollte sie, so wurde damals gefragt, Kreta was in den Kaffee oder Kreti und Pleti was Gutes tun? Man weiß es nicht. Fest steht aber: An Münsters Theken schäumte das Pils, CDU-Mitglieder fürchteten um ihre Freizügigkeit und Kegelclubs um ihre Mallorca-Reisen. Ob Sauerland und Baumberge von dieser Schützenhilfe profitierten, ist nicht bekannt.

Ende 1998 machte sie sogar überregionale Schlagzeilen, als sie doch eins draufsetzte – beziehungsweise sich aufsetzte: Zum Staatsempfang aus Anlass der 350-Jahr-Feier des Westfälischen Friedens, zu dem zahlreiche gekrönte Häupter aus ganz Europa nach Münster kamen, erschien Marion Tüns mit

Münsters ehemalige Oberbürgermeisterin Marion Tüns (l.) mit der Kopfbedeckung, die sogar überregional Schlagzeilen machte

einem Hütchen, das den versammelten Majestäten fast die Schau gestohlen hätte.

Ob sie den Hut eigens für diesen Empfang angeschafft hatte oder womöglich doch für den nächsten Urlaub im Sauerland, konnte seinerzeit nicht geklärt werden. Fest steht aber, dass die ebenso grüne wie kühne Behauptung des Stadtoberhauptes weit über Münster hinaus Beachtung fand. Die Bild-Zeitung schrieb von einem „Jäger-aus-Kurpfalz-Hütchen", andere fühlten sich an „Robin Hood" erinnert, und sämtliche Schützenkönige im Lande legten ergriffen die Hand ans Herz.

Die Trägerin selbst zeigte sich weniger beeindruckt. Und ließ später lächelnd durchblicken, das Ding sei wohl nicht ihr Ding gewesen ...

MASEMATTE

Wo die Leezen und der Maimel jovel sind

In Münster wird nicht nur Hochdeutsch gesprochen. Auch das Niederdeutsche hat hier noch immer ein Zuhause, es gibt eine Niederdeutsche Bühne, einen Plattdütsken Krink, und im Freilichtmuseum Mühlenhof kann man auch das „plattdeutsche Abitur" machen. Doch darüber hinaus existiert in der Westfalenmetropole noch eine dritte Sprache, der sich viele Münsteraner von Zeit zu Zeit gerne bedienen: die Masematte.

Die Masematte ist eine Sondersprache, eine Art Geheimsprache, die im 19. Jahrhundert unter anderem aus Rotwelsch, Jiddisch und Romani zusammengemixt wurde. Das geschah in bestimmten Vierteln und Kreisen der Stadt – vor allem da, wo sich Schausteller und Viehhändler, Hausierer und fahrendes Volk bewegten. Sinn und Zweck: Man wollte sich in Gegenwart von anderen verständigen, ohne von denen verstanden zu werden.

Und so konnte man damals auf dem Viehmarkt womöglich hören, wie der eine Händler dem anderen zuraunte: „Die Kaline hegt keine Zerche von Zossen." Auf Hochdeutsch: Die Frau hat keine Ahnung von Pferden. Oder: „Der Seeger hat hamel Lowi auffe Patte." Auf Hochdeutsch: Der Mann hat viel Geld in der Tasche.

Im Zweiten Weltkrieg sind diese Milieus zerstört worden, der Masematte wurde damit die Basis entzogen. Eine Weile hat sie noch auf den Baustellen weitergelebt. Aber auch da führte sie schnell zu Missverständnissen – und in einem Fall sogar zu einem veritablen Prozess. Da hatte ein Bauunternehmer einen

Mitarbeiter entlassen, weil der ihn als „Schonter" bezeichnet habe. Der Entlassene klagte aber dagegen – und versicherte, er habe lediglich von einem „Schauter" gesprochen. Ein kleiner, aber feiner Unterschied. Denn „Schauter" heißt einfach Mann oder Kerl. „Schonter" dagegen ist von ganz anderem Kaliber – wie sich jeder ausmalen kann, der weiß, dass ein Schontebeis für Masemattefreier nichts anderes ist als ein Scheißhaus.

Seitdem gibt es Masematte eigentlich nur noch als Spaßsprache, die an Theken oder Stammtischen als Tradition gepflegt wird. Das hat nicht zuletzt dazu beigetragen, dass etliche Masematte-Wörter Eingang in die münsterische Umgangssprache gefunden haben. Etwa das Wort „jovel" (gut, schön), das sogar einer Disco den Namen gegeben hat. Oder der „Maimel", wie die Münsteraner den Regen liebevoll nennen. Und natürlich die „Leeze", die in der Fahrradhauptstadt Münster ein Synonym für das Fahrrad ist – ein Wort, das selbst in den Schlagzeilen der Tageszeitungen ganz selbstverständlich verwendet wird.

Wer diese Wörter kennt, kann sicher auch den Standardsatz verstehen, der Auswärtigen gerne als Masematte-Kostprobe serviert wird: „Das Anim pest mit der Leeze durch die Maimelatur." Das Mädchen fährt mit dem Fahrrad durch den Regen. Einfach jovel – oder?

MÜHLENHOF

Das Museum, das zusammengequasselt wurde

„Kein Mensch hat ohne Raub und Mord in Münster so viel Geld geschnorrt", reimte Münsters früherer Oberbürgermeister Dr. Albrecht Beckel. Und auch wenn das bei karnevalistischer Gelegenheit geschah – es war die nackte Wahrheit. Theo Breider – denn von dem ist hier die Rede – war ein Meister darin, anderen das Geld aus der Tasche zu ziehen. Aber er tat es nicht für sich, sondern für eine gute Idee: Theo Breider hat sich (und der Stadt Münster) ein ganzes Museum zusammengequasselt – das Freilichtmuseum Mühlenhof am Aasee.

Es war Ende der 50er Jahre, als Breider auf einer seiner Pättkestouren – er gilt als auch Pionier des deutschen Fahrradtourismus – im Emsland auf eine alte Bockwindmühle stieß. Gemeinsam mit ein paar Freunden beschloss er, diese Mühle nach Münster zu verpflanzen – als Erinnerung an die 23 Bockwindmühlen, die dereinst in der Westfalenmetropole gestanden hatten. Die Stadt erklärte sich bereit, dafür ein gut 1000 Quadratmeter großes Grundstück am Aasee bereitzustellen – mit der Maßgabe, dass dort keine anderweitigen Einrichtungen untergebracht werden dürfen.

Theo Breider übersah diese Einschränkung mit der ihm eigenen Schlitzohrigkeit. Schon bald stand neben der Mühle ein Mühlenhaus. Breider: „Ne Mühle ohne Haus, das ist wie 'ne Kuh ohne Stiärt." Und dann folgten in schöner Regelmäßigkeit jede Menge „anderweitige Einrichtungen" – Remise und Rossmühle, Göpel und Gräftenhof, Backhaus und Bleichhütte. Bis ein kleines „Dorf" mit fast 30 Gebäuden entstanden war: das Freilichtmuseum Mühlenhof.

Auch sonst entwickelte Theo Breider im Umgang mit den Behörden ganz eigene und eigenwillige Methoden. Zumindest in den Anfangsjahren wurde die Sache mit den Baugenehmigungen sehr großzügig gehandhabt. „Hier können Sie noch was lernen, was die Vereinfachung der Genehmigungsverfahren angeht", erzählte er mal einer Besuchergruppe aus dem Düsseldorfer Landtag: „Denn das hier ist ohne Genehmigung gebaut – und es hält doch!"

Geradezu legendär ist die Sache mit der baupolizeilichen Genehmigung für das Herdfeuer im Gräftenhof, die nach Breiders Geschmack viel zu lange auf sich warten ließ. Da begab es sich, dass eines Tages der Regierungspräsident mit einem niederländischen Kollegen das Freilichtmuseum Mühlenhof besuchte. Und es dauerte gar nicht lange, da hatte der Regierungspräsident ein Streichholz in der Hand. Das hatte Breider ihm mit der Bemerkung gegeben: „Wollen Sie mir nicht den Gefallen tun, das Herdfeuer zum ersten Mal anzustecken?" Der Regierungspräsident fühlte sich geehrt, fand große Worte mit europäischer Dimension („Möge die Flamme der Freundschaft immer zwischen uns lebendig bleiben.") und steckte die Holzscheite in Brand. Und seitdem betrachtete Breider das Herdfeuer als genehmigt.

Der größte Teil des Freilichtmuseums ist ohne öffentliche Zuschüsse entstanden. Weil Theo Breider es verstand, Menschen für seine Idee zu begeistern. Ein Beispiel von vielen: Da entdeckte ein Münsterländer beim Hof- und Hausputz ein altes Ackergerät, das nicht mehr benötigt wurde. „Frag doch mal den Mühlenhof, ob die das nicht noch gebrauchen können", riet ihm seine Ehefrau. Er griff also zum Telefon, um Theo Breider mitzuteilen, dass jemand das Stück gerne abholen könne. Als er den Hörer wieder auflegte, hatte er sich indes bereit erklärt, das Gerät persönlich am Mühlenhof vorbeizubringen. So geschah es. Und als der Münsterländer ein paar Tage später den Mühlenhof wieder verließ, hatte er neben dem

Gerät auch eine stattliche Geldspende zurückgelassen – denn Theo Breider hatte ihm schnell klar gemacht, dass das Gerät vor seinem Museums-Einsatz noch mal aufgearbeitet werden müsse. Und ganz nebenbei war er auch zahlendes Mitglied im Verein „De Bockwindmüel" geworden…

So funktionierte das System Breider: Sponsoring in seiner schönsten Form.

MÜNSTER-ARKADEN

Wo die Abrundung des rechten Winkels gelang

Die Münster-Arkaden sind ein beliebtes Einkaufszentrum im Herzen der Stadt. Und sie sind eine architektonische Rarität, wenn nicht gar Einmaligkeit – denn wo sonst auf dieser Welt gibt es eckige Arkaden?

Die Arkade (von lat. arcus = Bogen) bezeichnet in der Architektur einen von Säulen getragenen Bogen. Aber Bogengänge sucht man an den Münster-Arkaden vergeblich. Man findet dort höchstens „Eckengänge" – die man auch Kolonnaden nennt. Weshalb die Münster-Arkaden eigentlich Münster-Kolonnaden heißen müssten.

Und wer ist auf die Idee gekommen, das Einkaufszentrum mit den Kolonnaden Münster-Arkaden zu nennen? Es gab seinerzeit einen Wettbewerb, und dabei – so heißt es – sei „Münster-Arkaden" der bei weitem eingängigste Vorschlag gewesen. Kein Wunder, wo die Alternativen beispielsweise Europa-Center, Südost-Passage oder Münsterama hießen. Das entschuldigt manches, nicht wahr? Denn ein Europa-Center könnte in jeder Stadt stehen, die Südost-Passage hört sich mehr nach einer Reiseroute an – und Münsterama wie ein Brotaufstrich. Gut möglich auch, dass die Taufpaten bei der Namensgebung ein bisschen zum Prinzipalmarkt mit seinen beliebten Bogengängen geschielt haben. Oder dass sie von einem Einkaufsparadies träumten, das sich als „glückliches Arkadien" präsentiert.

Der Chef der Sparkasse Münsterland-Ost, die das Einkaufszentrum ursprünglich gebaut hat, schlug bei der Eröffnung vor, das Ganze einfach sportlich zu sehen. Nach dem

Motto: Im Fußball ist es doch auch gelungen, diese Gegensätze miteinander zu versöhnen, ja daraus sogar eine Fußballweisheit zu entwickeln: „Das Runde muss ins Eckige."

Wird irgendwo Unmögliches möglich gemacht, spricht man gerne von der Quadratur des Kreises. In den Münster-Arkaden ist erstmals das Gegenteil gelungen: die Verkreisung des Quadrats – oder genauer: die Abrundung des rechten Winkels.

Und eines lässt sich nun wirklich nicht leugnen: Die Münster-Arkaden sind trotz der eckigen Kolonnaden eine „runde Sache" geworden . . .

ADJEKTIV

Die münsterische Tradition und der Münsteraner Zeitgeist

Die Münsteraner mögen ihre Stadt, die allermeisten jedenfalls. Was sich auch darin zeigt, dass sie gerne und leidenschaftlich über alles diskutieren, was die Stadt betrifft. Und im Zweifelsfall sogar über die grammatikalische Behandlung der Einwohner und ihrer Eigenschaften. Preisfrage: Gibt es nur münsterische Bürger – oder auch Münsteraner Bürger?

Für die Traditionalisten ist klar, dass das Adjektiv ihrer Stadt münsterisch oder münstersch heißt – und der Einwohner Münsteraner. Aber die Tradition bröckelt. Immer häufiger wird der Münsteraner als Adjektiv-Ersatz herangezogen, und selbst der Duden macht Zugeständnisse an den Münsteraner Zeitgeist.

In anderen Städten ist es längst gang und gäbe, dass die Einwohner-Bezeichnung auch als Adjektiv-Ersatz genutzt wird. Sonst gäbe es keinen Kölner Dom, keine Aachener Printen und auch keine Bremer Stadtmusikanten.

Münster ist allerdings (auch) in diesem Zusammenhang etwas Besonderes. Denn der Städtename endet auf -er. Deshalb gestaltet sich schon die Einwohner-Bezeichnung nicht so einfach wie bei anderen Städten – und das vor allem aus phonetischen Gründen, wie man in der Duden-Redaktion sagt. Aus diesem Grunde werden die Einwohner der Westfalenmetropole nicht Münsterer genannt, sondern Münsteraner. Und die der niedersächsischen Landeshauptstadt heißen nicht Hannoverer, sondern Hannoveraner.

Zurück zu den Adjektiven. Dass die Einwohner-Bezeichnung immer häufiger als Adjektiv-Ersatz herhalten muss, ist eine sprachliche Entwicklung, die man wohl einfach hinnehmen müsse, meint die Duden-Redaktion: „Das ist völlig legitim." Und was für Bonner, Bremer und Berliner gelte, gelte im Grunde auch für Hannoveraner oder Münsteraner – es sei nur noch nicht so geläufig: „Aber das ist ein Phänomen, dass sich irgendwann wohl durchsetzen wird."

Bei Ländernamen ist dieses Phänomen nach Beobachtungen der Duden-Redaktion noch nicht so verbreitet. Aber es gibt Ausnahmen. Wenn man beispielsweise mal an die Schweiz und an Holland denkt. Münsterische Traditionalisten werden es gewiss bezeichnend finden, dass die adjektivisch genutzte Einwohner-Bezeichnung in beiden Fällen vor allem im Zusammenhang mit Käse geläufig ist…

JOSEPH RATZINGER

Hier pöhlte der Papst

„Hier boxte der Papst": Diese Schlagzeile stand nicht in den Westfälischen Nachrichten. Und sie wäre auch nicht korrekt gewesen. „Hier pöhlte der Papst" wäre den Tatsachen dagegen schon recht nahe gekommen. Schließlich titelte die Tageszeitung „Hier spielte der Papst". Und das war auf alle Fälle richtig. Denn Joseph Ratzinger hat in Münster Fußball gespielt – auch wenn er nicht gerade als „Flankengott" in Erscheinung getreten ist ...

Mitte der 1960er Jahre, während seiner Zeit als Theologie-Professor an der Universität Münster, hat Joseph Ratzinger, der spätere Papst Benedikt XVI., mehrere Jahre an der Annette-Allee 18, in unmittelbarer Nähe des Aasees, gewohnt. Marianne Hartmann, die damals im Obergeschoss des Hauses wohnte (und später in Ratzingers frühere Wohnung zog), erinnerte sich später, dass der Theologie-Professor seine Vorlesungen im Sommer gerne auch mal im Freien abgehalten habe: „Dann saß er auf den Stufen der Terrasse, die Studenten saßen im Garten." Und hinterher passierte mitunter, was die sportliche Schlagzeile rechtfertigte: „Dann haben sie gemeinsam hier im Garten Fußball gespielt."

Auch sonst war Joseph Ratzinger offenbar nicht ganz unsportlich. Marianne Hartmann erinnerte sich jedenfalls gerne an ein Szenario, das längst zur Anekdote geworden ist. Da gingen drei Bewohner am Morgen aus dem Haus: Marianne Hartmann fuhr mit ihrem 2 CV davon, Ehemann Manfred Hartmann stieg in seine Limousine – und Joseph Ratzinger schwang sich aufs Fahrrad. Ein Szenario, das Roland Mehring

– ein Bruder von Marianne Hartmann, der in Münster viele Jahre als Türmer von St. Lamberti tätig war – schmunzelnd mit der Bemerkung kommentierte: „Geistesriesen strunzen nicht."

Und dass er ein solcher war und ist, stand für die Münsteranerin außer Zweifel: „Das haben wir damals schon gespürt", so Marianne Hartmann im Rückblick auf die 1960er Jahre, „dass er ein ganz besonderer Mann war."

Bliebe noch zu erwähnen, dass Joseph Ratzinger auch zu seinen münsterischen Zeiten schon besondere Beziehungen zum Jenseits hatte. Wenn seine Schwester, die ihm den Haushalt führte, mal nicht da war, so erzählte Marianne Hartmann lächelnd, „dann ist er einfach ins Himmelreich rübergesprungen und hat sich dort eine Bratwurst gegessen" – genauer: in die schräg gegenüber gelegene Gaststätte mit dem schönen Namen „Zum Himmelreich".

PINKUS MÜLLER

Der Mann, der den Bogen raus hatte

Sie gilt als Inbegriff westfälischer Gastlichkeit und Paradebeispiel münsterischer Kneipenherrlichkeit – die Altbierküche Pinkus Müller an der Kreuzstraße. Sie ist die letzte von dereinst rund 150 münsterischen Altbierbrauereien, sie kann auf eine fast 200-jährige Tradition zurückblicken, und auf ihrer Speisekarte finden sich kulinarische Köstlichkeiten wie „Möppkes- und Liärberbraut" oder „Pannekoken mit Pillewörmer".

Begründet wurde die gastronomische Familientradition anno 1816 von Johannes Müller. Aber herausragenden Anteil an der Erfolgsgeschichte des Hauses hatte sein Enkel Carl Müller, der 1899 geboren wurde und der in Münster nicht nur als Brauer und Gastwirt bekannt wurde, sondern auch als Sänger, Karnevalsprinz und Original. Und der der Gaststätte schließlich auch ihren heutigen Namen gab.

Warum die Gaststätte „Pinkus Müller" genannt wird, wenn ihr Namensgeber doch Carl Müller hieß? Nun, das ist eine Geschichte für sich. Sie führt zurück in die Zeit, als Carl Müller Gymnasiast war und es in Münster noch Gaslaternen gab. Damals hatte Carl gemeinsam mit zwei anderen Pennälern dem Altbier kräftig zugesprochen – man hatte wohl gemeinsam einen „Bullenkopp", einen sechs Liter fassenden Krug, geleert. Das zeigte auf dem Heimweg Wirkung – und mündete in den Wettbewerb, wer wohl imstande sei, mit einem selbst erzeugten Wasserstrahl eine Gaslaterne auszulöschen. Dabei muss Carl Müller, obwohl keineswegs mit überragender Körpergröße gesegnet, besondere Fähigkeiten entwickelt haben. Er hatte beim Pinkeln ganz offenbar „den Bogen raus". Und deshalb nannten ihn seine Freunde fortan respektvoll „Pinkus".

Dass diese Fähigkeit in der westfälischen Gastronomie eine wichtige Rolle spielt, zeigt sich übrigens auch in einer anderen münsterischen Traditionsgaststätte – im Alten Gasthaus Leve, das sogar auf eine 400-jährige Geschichte verweisen kann. Dort hängt seit vielen Jahrzehnten auf der Herrentoilette ein Schild mit dem Hinweis: „Wer's nicht mehr im Bogen kann, der trete etwas näher ran." Für Pinkus wäre es sicher kein Problem gewesen...

Prinz Philip

Unkomplizierter Rathaus-Besucher

Wenn königliche Hoheiten ins münsterische Rathaus kommen, ist das stets eine Herausforderung fürs städtische Protokoll. Und dementsprechend angespannt war die Stimmung bei den Verantwortlichen auch, als Prinz Philip, Herzog von Edinburgh und Gemahl der englischen Königin, 1972 aus Anlass der Vierzug-Weltmeisterschaft vor dem münsterischen Rathaus vorfuhr.

Aber die ganze Aufregung erwies sich schnell als überflüssig. Prinz Philip präsentierte sich als umgänglicher, pflegeleichter und unkomplizierter Gast. Als der damalige Oberbürgermeister Dr. Albrecht Beckel ihn fragte, was er trinken möchte, erkundigte sich Prinz Philip mit Blick auf das Fass im Anstich in flüssigem Deutsch: „Trinkt man hier Bier?" Beckel: „Ja." Prinz Philip: „Na, dann trinke ich auch ein Bier."

Und beim Empfang im Friedenssaal zeigte er, dass er auch mit anderen Getränken umgehen kann. Nachdem er sich ins Goldene Buch der Stadt eingetragen hatte, reichte der Oberbürgermeister ihm den – mit Wein gefüllten – Goldenen Hahn zum traditionellen Ehrentrunk. Woraufhin der Herzog von Edinburgh einen amüsierten Blick in das ungewöhnliche Trinkgefäß warf und lächelnd konstatierte: „Ach, der ist ja gar nicht ganz voll…"

Aber schließlich kam das städtische Protokoll dann doch noch ins Schwitzen, wie Protokollchef Hans Geukes später zu berichten wusste. Der offizielle Teil des Empfangs war längst vorüber, alle Hände waren geschüttelt, alle Reden gehalten und die ersten Gäste hatten das Rathaus bereits verlassen –

doch Prinz Philip machte keinerlei Anstalten sich zu verabschieden. Eine Situation, die im Protokoll so nicht vorgesehen war.

Was tun? Unauffällig trafen sich der Oberbürgermeister und sein Protokollchef zu einem kleinen Krisengipfel. Und beschlossen, auf die Schnelle weitere Getränke und ein paar Schinkenschnittchen im Ratskeller zu ordern.

Gesagt, getan. Und so bat man den Herzog von Edinburgh wenig später in die Rüstkammer des Rathauses, wo man sich in kleiner Runde am Herdfeuer niederließ – um bei Bier und Schinkenschnittchen den Gedankenaustausch in lockerer Atmosphäre fortzusetzen.

Der Gast fühlte sich auch hier ganz offensichtlich wohl, so dass man sich hinter den Kulissen bereits erste Gedanken über den weiteren Verlauf des Abends machte. Aber dann das unerwartete Ende. Plötzlich, so erinnerte sich der damalige städtische Protokollchef Hans Geukes, stand Prinz Philip auf und wandte sich lächelnd an den Gastgeber: „So, Herr Oberbürgermeister, ich denke, Sie müssen noch in die Kirche. Ich werde mich jetzt verabschieden."

RADSTATION

Leezenbeis, Fahrradies und Palazzo Pedalo

Als Ende der 1990er Jahre die unterirdische Radstation vor dem münsterischen Hauptbahnhof gebaut wurde, hielten viele das für den Flop des Jahrhunderts. Wer, so fragte man sich, wird schon Geld dafür bezahlen, dass er sein Fahrrad irgendwo abstellen kann. Aber es wurde eine Erfolgsgeschichte. Heute zählt Deutschlands größtes Fahrradparkhaus insgesamt rund 3300 Abstellplätze – und fast alle sind fast immer belegt.

Die Radstation wurde seinerzeit nicht zuletzt deshalb errichtet, um den „Leezen-Dschungel" rund um den Hauptbahnhof zu lichten: Tausende von abgestellten Fahrrädern blockierten damals nahezu alle Freiflächen und Bürgersteige. Auch diesbezüglich war der Radstation ein Erfolg beschieden. Aber er war nicht von Dauer. Denn schnell setzte der Speichen-Wildwuchs wieder ein. Heute herrscht rund um den Hauptbahnhof das gleiche Leezen-Chaos wie vor dem Bau der Radstation. Nicht auszudenken, wenn es die unterirdischen Stellplätze nicht gäbe...

Obwohl die Radstation sowohl mit ihrem unterirdischen Drahtesel-Depot als auch mit ihrem oberirdischen, tortenförmigen Glas-Pavillon genügend Ansätze für spitzfindige Spitznamen bietet, hat sich der Volksmund des Bauwerks nie bemächtigt. Es firmiert noch immer als Radstation.

Dabei gab es genug Ideen für eine alternative Namensgebung, wie bei einem Leser-Wettbewerb der Westfälischen Nachrichten deutlich wurde. Die meisten Vorschläge hatten etwas mit der Leeze zu tun, wie der Drahtesel hierzulande vom Volksmund gerufen wird. Das Spektrum reichte von

Platz für 3300 Leezen: die Radstation am Bahnhof

Leezenaquarium bis zur Leezenvitrine, von Leezenbeis bis Leezenbunker, von Leezenkäfig bis Leezenknast. Sprachlich besonders elegant: Leezeum.

Neben der Masematte (aus der der Begriff „Leeze" stammt) bemühten die Wettbewerbsteilnehmer seinerzeit auch andere Kultursprachen, um der Radstation zu einem Namen zu verhelfen: das Italienische (Palazzo Pedalo), das Englische (Bike Valley) sowie natürlich die Sprache der fahrradbegeisterten niederländischen Nachbarn (Velodom, Fietsen-Palais). Und nebenbei blitzte sogar ein Hauch von Türkisch auf: Einer schlug „Mufasta" vor – als Abkürzung für „Münsters Fahrrad-Station".

Außerdem im Angebot: Radlerglück und Fahrradies, Klingelpütz und Kettenkasten, Pedalenhues und Hotel zur Speiche. Viel Schmunzeln erzeugte seinerzeit auch die von einem Leser konstruierte Mischung aus der damals amtierenden Oberbürgermeisterin Marion Tüns und dem münsterländischen Örtchen Tönnishäuschen: Tün(e)shäuschen.

Die beiden kürzesten Namensvorschläge hatten damals nur vier Buchstaben. Der eine lautete Radi. Aber das war den Münsteranern denn doch wohl zu bayrisch. Und der andere hieß Flop. Aber der war, wie oben schon beschrieben, sowas von unpassend…

RICKEY-PLASTIK

Was die Stadt zum Rotieren brachte...

Wer heute an der Engelenschanze, einem kleinen Park an der Promenade, spazieren geht, findet dort – zwischen Bäumen, Blumen und Bänken – eine Freiplastik, die sich sanft bewegt und den Tauben bisweilen als „Karussell" dient. Die meisten sehen darin eine liebenswerte Belebung der Parkanlage – und kaum einer ahnt, dass dieses liebliche Windspiel in Münster mal einen Sturm der Entrüstung entfacht hat: Die „drei rotierenden Quadrate" des Amerikaners George Rickey brachten die Westfalenmetropole in den 1970er Jahren regelrecht ins Rotieren...
Im November 1974 überraschte der damalige städtische Kulturdezernent Dr. Karl Hoss die münsterische Öffentlichkeit mit der Ankündigung, die Westfalenmetropole wolle eine große, moderne Freiplastik kaufen: „Die Stadt kann es sich nicht leisten, auf diesem Gebiet Askese zu üben." Die nötigen 130 000 Mark waren in einer Rücklage angesammelt worden, Kunstkommission und Kulturausschuss hatten schon zugestimmt – es fehlte nur noch das Plazet des Rates.
Doch bevor der sich überhaupt mit der Sache befassen konnte, gerieten die Münsteraner ins Rotieren. An den Stammtischen brodelte die Empörung. Und in den Leserbrief-Spalten der Tageszeitungen ebenfalls. Da war von „Riesenspielzeug" und „infantilem Primitivismus" die Rede, und eine Münsteranerin offerierte ihre „Rundfunkantenne, künstlerisch verbogen, zu etwa der Hälfte des Preises". Ein Leserbriefschreiber wertete das Kunstwerk als „Beweis dafür, wie leicht die Bevölkerung durch den Kakao zu ziehen ist", ein an-

Die „drei rotierenden Quadrate" von George Rickey brachten Münster einst ins Rotieren...

derer mimte Mitleid mit den Befürwortern der Aktion: „Herr, erleuchte ihren Verstand, denn sie wissen in ihrer Eile und künstlerischen Geschmacksverirrung nicht, was sie tun."

Trotzdem drehten sich schon eine Woche später auf der Engelenschanze die Quadrate – dank eines Kegelclubs aus Angelmodde. Ein paar nicht ganz unbekannte Münsteraner hatten sich beim Stammtisch über die Kunstaktion ereifert („130 000 Mark für so'n Ding?") – und dann beschlossen, die Sache selbst in die Hand zu nehmen. Aus einem alten Heizungsrohr, ein paar Stangen und Hartfaserplatten bauten sie anhand von Zeitungsfotos die Plastik nach, bemalten sie anschließend mit Silberbronze und rammten sie zu mitternächtlicher Stunde in den Boden der Parkanlage – wo ein leichter Wind zur Überraschung der Angelmodder das

Do-it-yourself-Kunstwerk tatsächlich in Bewegung setzte: „Mensch", seufzte einer ergriffen, „und es dreht sich doch…"

Die Stammtisch-Version der Freiplastik ließ die Passanten relativ unbeeindruckt. „Ist dat dat Ding für 130 000 Mark?" brummelte einer. Und ein anderer meinte: „Bisschen mickrig. Aber mich stört's nicht." Die Stadtverwaltung sah das anders, sie kassierte das Machwerk wieder ein.

Den richtigen Rickey hätten die Münsteraner wohl nie zu sehen bekommen, wenn nicht im Januar 1975 unerwartet ein Mäzen auf den Plan getreten wäre: Die Westdeutsche Landesbank – damals noch mit dem Vorstandsvorsitzenden Ludwig Poullain – machte der Stadt die Freiplastik kurzerhand zum Geschenk.

Und die profitierte davon auf gleich zweifache Weise. Zum einen, weil die „drei rotierenden Quadrate" längst zu einem vertrauten Teil des Stadtbildes geworden sind, an dem sich eigentlich alle Münsteraner erfreuen. Und zum anderen, weil sie den Anstoß gaben für eine Diskussion um moderne Kunst – die schließlich die Initialzündung lieferte für die seit 1977 alle zehn Jahre stattfindende große Skulpturen-Ausstellung, die Münster in der Kunstszene weltweite Beachtung bescherte.

ULRICH RÜCKRIEM

Tortenstücke, die für Paukenschläge sorgten

Wer die die mächtigen, bis zu 3,30 Meter hohen Sandsteinblöcke am Weg neben der Petri-Kirche zum ersten Mal sieht, der kann auf die Idee kommen, sie seien beim Bau der im 16. Jahrhundert entstandenen ehemaligen Jesuitenkirche übrig geblieben – und „dann irgendwie vergessen worden", wie ein Passant mal mutmaßte.

Aber sie sind mitnichten vergessen worden, sondern wurden ganz bewusst dort aufgestellt. Sie stammen auch nicht aus dem 16., sondern aus dem 20. Jahrhundert. Und sie sind keineswegs so unverrückbar wie sie aussehen. Denn sie sind schon zweimal dort aufgestellt worden – und gleich zweimal wurde mit ihnen eine der großen münsterischen Skulpturen-Ausstellungen eröffnet.

Der Reihe nach:

Als das Landesmuseum für Kunst und Kulturgeschichte in den 70er Jahren zum ersten Mal zu einer Freiluft-Ausstellung mit standortbezogenen Skulpturen einlud (die seitdem alle zehn Jahre stattfindet), war Prof. Ulrich Rückriem der erste Künstler, der sein Projekt verwirklichte: Neben der Petri-Kirche baute er eine Reihe von neun keilförmigen, 1,80 bis 3,30 Meter hohen Blöcken aus Anröchter Sandstein auf, die – so seine Idee – quasi eine Verbindung von den Aawiesen zum Kirchenschiff schaffen sollte. Titel: „Dolomit zugeschnitten".

Die Westfälischen Nachrichten registrierten das Kunstwerk mit der Schlagzeile „Paukenschlag für Plastikschau". Die Münsteraner reagierten verwirrt – wie jener junge Mann, der unmittelbar nach der Aufstellung zu Protokoll gab: „Ich kann

Sie wurden gleich zweimal aufgestellt: die „Tortenstücke" von Ulrich Rückriem an der Petrikirche

mir schon was darunter vorstellen, ich weiß nur nicht was. Aber ich könnte mir vorstellen, dass ich mir was darunter vorstellen könnte…" Auch der Volksmund rang um Fassung: Mauerbau? Abschussrampe? Zahnärztedenkmal? Später setzte sich die Bezeichnung „Tortenstücke" durch.

1981 der nächste Paukenschlag: Weil drei Jahre nach Ende der Ausstellung noch immer nicht klar war, ob das Kunstwerk angekauft werden sollte oder nicht (Preis: 70 000 Mark), verordnete der Künstler seiner Skulptur einen vierwöchigen Urlaub und ließ sie auf eigene Kosten („Das Späßken kostet mich rund 5000 Mark!") auf den Lagerplatz eines Bauunternehmens bringen: „Mal sehen, ob die Leute Entzugserscheinungen kriegen oder nicht."

Aber anders als geplant, kehrten die Tortenstücke nicht zurück – sondern landeten stattdessen bei einem Sammler im Schwarzwald. Und blieben dort – bis sie, 1986, für den nächsten Paukenschlag sorgten: Im Oktober 1986 kehrten die Sandstein-

Blöcke auf ihren angestammten Platz an der Petri-Kirche zurück, als erster Beitrag zur Ausstellung „Skulptur '87".

Ob die Tortenstücke die Gemüter erneut erhitzen würden? Der damalige Museumsdirektor Prof. Klaus Bußmann glaubte nicht daran. Und wenn schon, so fügte er hinzu, sie würden es aushalten: „Die kommen ja gut erholt aus dem Schwarzwald zurück." Er sollte Recht behalten. Mittlerweile haben sie einen Stammplatz im münsterischen Stadtbild. Als wenn sie beim Bau der Petrikirche abgefallen seien…

Schwarze Petra

Der Schwan, der ein Tretboot liebte…

Lange galt Annette von Droste-Hülshoff als weltweit bekannteste Münsteranerin. Aber das sollte sich im Jahre 2006 schlagartig ändern: Innerhalb kürzester Zeit lief eine schwarz gewandete Dame namens Petra der Dichterin den Rang ab. Journalisten und Fernsehteams aus aller Welt drängelten sich am Aasee. Um über den schwarzen Schwan zu berichten, der sich in ein großes weißes Tretboot verliebt hatte…

Es begann im Frühjahr 2006, als sich ein Trauerschwan auf dem Aasee niederließ – und sich in ein großes weißes, schwanenförmiges Tretboot der Yachtschule Overschmidt verguckte. Fortan ließ er den vermeintlichen Artgenossen aus Plastik nicht mehr aus den Augen. Und wer das Tretboot für eine Ausfahrt auslieh, hatte meist einen schwarzen Schwan im Schlepptau.

Manche hielten den verliebten Schwan zunächst für eine Zeitungsente. Aber dann entpuppte er sich schnell als stolzer Medienschwan und rauschte im Sturzflug durch den Blätterwald. Und natürlich machte sich alle Welt Gedanken, wie es zu dieser Amour fou kommen konnte. Die schönste Theorie entwickelte die Süddeutsche Zeitung. Zeus, so erinnerte man sich dort, „hatte mal eine gute Idee, wie man Weiber rumkriegen kann": Er verwandelte sich in einen Schwan, um Königin Leda zu verführen. Und nun, so die Süddeutsche, habe der Göttervater einfach mal ausprobieren wollen, ob die alte Schwanennummer noch funktioniert. Und weil die einschlägigen Gewässer in Griechenland gerade alle mit Pauschaltouristen besetzt waren, sei er halt als Trauerschwan nach Münster gejettet…

Allerdings muss dem guten alten Zeus da wohl etwas durcheinander geraten sein. Denn im Herbst 2006 stellte sich heraus, dass der bis dahin als „Schwarzer Peter" gehandelte Schwan in Wirklichkeit eine Schwänin war. Die folgerichtig in „Schwarze Petra" umbenannt wurde.

In Münster wurde freilich ohnehin geargwöhnt, dass nicht der alte Zeus dahintersteckte, sondern der münsterische Zoodirektor Jörg Adler, der über ein besonderes Marketing-Gen verfügt. Denn als es Winter wurde und das Tretboot wegen zu befürchtender Frostschäden vom Aasee genommen werden musste, bot sich der Zoo als Winterquartier an: Die schwarze Petra wurde mit einem (Tret-)Boot-Konvoi vom Aasee über den Zookanal in den Allwetterzoo gebracht – begleitet von 23 Medien, darunter mehrere Fernseh-Teams und Presseagenturen. Die Besucherzahl des Allwetterzoos kletterte in diesem Jahr erstmals seit langem wieder über die Millionen-Marke.

Im Frühjahr kehrte das ungleiche Pärchen auf den Aasee zurück – und zelebrierte die Zuneigung einen weiteren Sommer lang. Den Winter verbrachten Petra und das Plastik-Boot wiederum im Zoo. Und zwischendurch hatte die mittlerweile zum Star avancierte schwarze Trauerschwänin auch mal eine kurze Affäre mit einem weißen Höckerschwan.

Ende 2008 wurde Petra – die sich gerne füttern und mit Passanten fotografieren ließ – zum letzten Mal auf dem Aasee gesehen. Dann war sie plötzlich wie vom Erdboden verschluckt. Der mittlerweile gegründete Freundeskreis „Schwarze Petra" erhielt zwar viele Hinweise auf mögliche neue Aufenthaltsorte, aber die entpuppten sich allesamt als Falschmeldungen. Petra blieb verschwunden.

Bis zum April 2013. Da stellte sich heraus, dass Petra seit Jahren im benachbarten Osnabrück lebt. Sie war dort am 2. Januar 2009 in einer Storchen-Betreuungsstation gelandet – krank, entkräftet und abgemagert. Dass es sich wirklich um die weltbekannte Petra handelt, gilt als sicher – nachdem

Eine Liebe, die die Welt bewegte: die „schwarze Petra" und ihr weißes Tretboot

Zoodirektor Jörg Adler die Schwanendame anhand einiger unveränderlicher Kennzeichen (u.a. ein verknöcherter Fuß) identifiziert hat.

Übrigens: Das Schwanen-Weibchen lebt in Osnabrück seit Jahren mit einem schwarzen Schwanen-Männchen zusammen. So gab es also doch noch ein Happy End für die schwarze Petra. Nur das weiße Tretboot auf dem Aasee ist weiterhin solo…

SILBERSAND

Wenn die Politik zum Sandkastenspiel wird…

Dass Politik von kritischen Zeitgenossen als „Sandkastenspiel" tituliert wird, ist so ungewöhnlich nicht. Aber dass die Politik tatsächlich ein Sandkastenspiel veranstaltet, darf sicher zu den Kuriositäten gezählt werden.

Es war die SPD-Fraktion in der Bezirksvertretung Münster-Mitte, die die münsterische Öffentlichkeit mit einer Sandkastenoffensive überraschte. Denn sie stellte eines Tages den Antrag, „auf Kinderspielplätzen den weißen Silbersand einzusetzen, und zwar auf allen Sandspielflächen".

In der Begründung ließ die SPD durchblicken, dass sie über empirische Erkenntnisse verfüge. Der weiße Silbersand, so hieß es da, sei für Kinder bedeutend angenehmer als der braune und gröbere Bausand. Er trockne schneller, lasse sich besser formen und sei angenehmer zu handhaben. Und: „Beim Hinfallen reibt er die Haut nicht so schnell auf. Er sieht auch freundlicher aus." Überdies hatte die SPD auch ein soziales Argument parat: „Schließlich stellt sich die Frage, weshalb Kinder, die im Sommer nicht an die Nordsee fahren können, nicht zumindest auf dem Spielplatz im Nordseesand spielen dürfen?"

Was unter den einschlägigen Experten der heimischen Tagespresse die Diskussion auslöste, ob Nordseesand wirklich mit Silbersand gleichzusetzen sei – oder ob der aufgrund seiner hohen Bauqualitäten (Strandburgen!) nicht doch als Bausand einzustufen sei. Und dann musste sich die SPD auch fragen lassen, ob es – wenn der Silbersand wirklich so viel angenehmer und hautschonender sei – nicht angemessen sei, ihn auch für alle Baustellen zu beantragen. Schließlich hätten auch die Bauarbeiter ein Anrecht auf hautschonendes Material mit angenehmer Handhabung und Nordseefeeling…

Die Antwort der Stadtverwaltung auf den SPD-Antrag war mehrseitig – und belehrte die Kommunalpolitiker nicht nur über die verschiedenen Sandsorten (Spielsand, Silbersand, Rheinsand, Perlkies), sondern auch über die unterschiedlichen Funktionen als Spielmaterial (Kuchenbacken, Burgenbauen etc.) und als Fallschutz. Silbersand, so räumte das Verwaltungspapier ein, „hat hohe ästhetische Qualitäten, solange er nicht verschmutzt ist", er „backt in feuchtem Zustand gut", aber er verliert seine Fallschutzqualitäten wenn er „in feuchtem Zustand gefriert". Rheinsand dagegen „kratzt bei Hautkontakt", hat aber eine „gute Wasserableitung" und bietet auch bei Frost noch „ausreichenden Fallschutz". Und außerdem, so die Sandkasten-Spezialisten der Stadtverwaltung, sei Rheinsand billiger. Nicht in der Anschaffung, sondern in der Unterhaltung. Deshalb werde Silbersand nur da eingesetzt, wo er als Spielmaterial von Kleinkindern genutzt werde, während die Stadt ansonsten auf den groberen gewaschenen Rheinsand baue.

So kam es, dass die Silbersand-Offensive der SPD letztlich gewissermaßen im Sande verlief. Im Rheinsand…

Oberbürgermeister Markus Lewe

Das „bepömpelte" Hosenbein

Es ist ein Schauspiel der ganz besonderen Art, das einige Passanten an einem Samstagabend im Januar in der münsterischen Innenstadt erleben: Vor einem großen Modehaus hält plötzlich eine dunkle Limousine. Die Beifahrertür öffnet sich, ein Hosenbein schiebt sich heraus. Ein Mitarbeiter des Bekleidungshauses eilt herbei, macht sich kurz am Hosenbein zu schaffen und verschwindet dann wieder. Die Beifahrertür schließt sich, der Wagen fährt weiter.

Was die Augenzeugen nicht wissen können: Es handelt sich nicht um ein gewöhnliches Hosenbein, sondern um das des Oberbürgermeisters. Und es befindet sich in einer „Notlage".

Der Oberbürgermeister hatte sich für den Besuch des Prinzenballes einen neuen Smoking gekauft. Nachdem er tagsüber noch andere offizielle Termine absolviert hat, schlüpft er am frühen Abend schließlich in den neuen Smoking. Und muss erschrocken feststellen, dass sich an einem Hosenbein noch ein Warensicherungsetikett befindet – ein Plastikteil, das der OB schmunzelnd als „Sicherheitspömpel" bezeichnet.

Was tun? Natürlich ist klar, dass der OB nicht mit dem „Sicherheitspömpel" auf dem Prinzenball auftauchen kann. Was würden die Leute wohl denken? Also macht man sich daran, dass Ding auf eigene Faust zu entfernen. Aber obwohl die Familienmitglieder mit viel Fantasie zu Werke gehen und die Kinder unter anderem auch einen Magneten zum Einsatz bringen, bleibt alles Bemühen erfolglos. Schließlich will man auch nicht riskieren, dass der OB mit einem Loch im Smokingbein zum Gespött der versammelten Narren wird...

Also ruft der OB beim Bekleidungshaus an. Kein Problem heißt es da, er könne ja am Montagmorgen vorbeikommen. Doch ein Problem, beharrt der OB, er wolle den Smoking ja an diesem Abend tragen. Nun gut, man habe ja bis 20 Uhr geöffnet. Markus Lewe bleibt nichts anderes übrig, als sich als Stadtoberhaupt zu outen und auf die besondere Eilbedürftigkeit seines Anliegens hinzuweisen. Er sei gewissermaßen schon auf dem Weg zum Prinzenball...

Das Bekleidungshaus zeigt sich flexibel – und offeriert eine ambulante Problemlösung. Ein Mitarbeiter werde am Eingang bereitstehen, um den „Pömpel" zu entfernen.

Wenig später hält der Dienstwagen des Oberbürgermeisters vor dem Bekleidungshaus. Der Fahrer versucht, sich möglichst dezent bemerkbar zu machen. Ein Mitarbeiter eilt herbei. Der OB hält das Bein... Aber den Rest kennen Sie ja schon.

SCHERZARTIKEL

Warum die Stadt für beschädigte Spiegeleier zahlen musste…

Auch die beste Stadtverwaltung ist gegen Fehler nicht gefeit. Die münsterische Stadtverwaltung macht da keine Ausnahme – und sah sich deshalb mit den vermutlich kuriosesten Regressansprüchen konfrontiert, die je einen Behördenschreibtisch erfolgreich passiert haben: So leistete die Stadt einem münsterischen Unternehmen Schadensersatz in Höhe von 5,64 DM – „für beschädigte Spiegeleier", wie es auf der Quittung wörtlich hieß.

Man schrieb das Jahr 1963, als die Stadtverwaltung einen münsterischen Ladenbesitzer dergestalt in die Pfanne haute: Zwei Uniformierte erschienen in einem Ladenlokal an der Hammer Straße und beschlagnahmten dort mit Hinweis auf das Lebensmittelgesetz sämtliche Spiegeleier. Genauer: acht Spiegeleier aus Kunststoff, die dort als Scherzartikel feilgeboten worden waren.

Doch einige Monate später befand ein Gericht, dass solche Scherzartikel aus Kunststoff nicht geeignet seien, „den Tatbestand der §§ 3 Ziff. 2a.b.11 des Lebensmittelgesetzes zu erfüllen". Das städtische Ordnungsamt sah sich daraufhin genötigt, seine Ordnungsverfügung wieder aufzuheben – und teilte dem Eier-Besitzer mit: „Die restlichen fünf Scherzartikel aus Kunststoff (Spiegeleier) werden Ihnen wieder zur Verfügung gestellt."

Nach gepflegtem weiterem Schriftverkehr kam es dann tatsächlich zur Übergabe der Spiegeleier, die sich, wie das Ordnungsamt protokollierte, „in einem geschlossenen Briefumschlag" befanden. Man hoffe, so ließ die Stadt den Eier-Empfänger wissen, dass „die Angelegenheit somit ihre Erledigung gefunden hat…"

Hatte sie nicht. Denn der Ladenbesitzer monierte, dass die Spiegeleier durch die lange Lagerung gelitten hätten „und dadurch für den Verkauf nur noch beschränkt verwendbar sind". Er forderte Regress. Die Stadt bat um nähere Angaben.

Und der Ladenbesitzer lieferte postwendend. Er berechnete drei nicht zurückgegebene Spiegeleier mit je einer Mark, die fünf beschädigten mit je 50 Pfennig, räumte der Stadtverwaltung dann einen „Behördenrabatt" von zehn Prozent ein, addierte die Portokosten – und kam schließlich auf einen Gesamtbetrag von 5,75 Mark. „Bei Barzahlung bis zum 12. des Monats", so hieß es in seinem Schreiben abschließend, „gewähren wir Ihnen noch einen Skontoabzug in Höhe von zwei Prozent (=11,5 Pfennig)."

Wenig später kam es zur Geldübergabe. Die Stadt zahlte (unter Ausnutzung des Skontoabzuges) 5,64 DM – gegen eine entsprechende Quittung – „für beschädigte Spiegeleier".

KARNEVAL

Warum der Gerichtsvollzieher Spitzenhöschen beschlagnahmte

Wenn die Karnevalisten am 11.11. den Auftakt der fünften Jahreszeit feiern, dann schlägt die große Stunde der Büttredner, Tanzmariechen und Schunkelsänger. Aber in Münster mischt auch schon mal Justitia mit. Zumindest im Jahre 2005. Da stellte das Landgericht am Tag vor dem 11.11. eine Einstweilige Verfügung aus, die es dem 1. Bischöflich-Münsterischen Offiziers-Corps untersagte, unter diesem Namen aufzutreten. Und drei Tage später ließ die Justiz noch einen Paukenschlag folgen – der den Westfälischen Nachrichten die Schlagzeile ermöglichte „Gerichtsvollzieher kassiert Spitzenhöschen".

Hintergrund war ein ganz und gar närrischer, wenngleich wenig lustiger Streit zwischen der Karnevalsgesellschaft Paohlbürger und dem Tanzkorps. Dabei ging es um die Frage, wer wo das Sagen hat, wem die Kostüme gehören – und ob das Tanz-Korps ein selbstständiger Verein oder ein Bestandteil der KG Paohlbürger ist.

Nachdem sich die Fastnachts-Funktionäre über mehrere Monate hinweg mit Vereinsausschlüssen, Vereinsaustritten, Auflösungsbeschlüssen usw. in Rage gearbeitet hatten – erst ohne, dann mit Anwälten –, sorgte das Landgericht rechtzeitig zum Auftakt der neuen Session für publikumswirksame Paukenschläge.

Zunächst mit der Einstweiligen Verfügung, die den büttreifen Satz enthielt: „Der Antragsgegnerin wird es untersagt, Uniformen und sonstige Bekleidungen, Ehrenzeichen, Orden und sämtliches anderes Zubehör, die in ihrer originären Eigenart ausschließlich mit dem 1. Bischöflichen-Münsterischen Offiziers-Corps der Karnevalsgesellschaft Paohlbürger e.V. in Verbindung gebracht werden, zu tragen oder allgemein zu benutzen, wobei insbesondere auch das zur Schaustellen zählt."

Weil für den Fall der Zuwiderhandlung ein Ordnungsgeld (bis zu 250 000 Euro!) angedroht wurde, stieg das Tanz-Korps kurzfristig auf einen neuen Namen („Das Offizierskorps, dessen Name zurzeit nicht genannt werden darf") und neue, gänzlich unbischöfliche Cowboy-Kostüme um. Ein mögliches Rest-Risiko wurde wenige Tage später beseitigt, als der Gerichtsvollzieher die gesamte Korps-Ausstattung beschlagnahmte. Inklusive Tanzmariechen-Bodys und Waffenröcke, Petticoats und Perücken, Strumpfhosen und Schulterklappen – und eben Spitzenhöschen.

Ein paar Wochen später folgte die (Gala-)Sitzung im Landgericht, die passenderweise nur gut elf Minuten dauerte. Nachdem beide Seiten in die Bütt gestiegen waren und etwas Konfetti-Rohstoff (Juristen sprechen von „Schriftsätzen") ausgetauscht hatten, hob das Gericht die Einstweilige Verfügung wieder auf. Das Offiziers-Corps bekam seine Spitzenhöschen zurück.

Aber damit war die Geschichte noch lange nicht zu Ende. Im Jahr darauf landeten die Spitzenhöschen wieder bei der KG Paohlbürger, weil die tanzenden Uniformträger samt Equipment zur Muttergesellschaft zurückkehrten.

Karneval ist, wenn man trotzdem lacht…

DIENST-WC

Wie der Ortstermin zum Örtchentermin wurde

Ortstermine sind bei Gericht und in der Politik etwas ganz Alltägliches. Aber in Münster kann auch Alltägliches zu einer Besonderheit werden. Im Juni 2006 gab es im Stadthaus einen Ortstermin, der als Örtchentermin in die Geschichte der münsterischen Kommunalpolitik eingegangen ist: Der Stadtdirektor hatte zu einer „Sondersitzung" auf seinem WC eingeladen…

Dazu muss man wissen, dass das Dienstzimmer des Stadtdirektors (im Gegensatz zu dem des Oberbürgermeisters) über ein eigenes WC verfügt. Das war, wie das Stadthaus insgesamt, in die Jahre gekommen und von daher sanierungsbedürftig: „Es stank bis hier ins Büro." Allerdings geriet die Sanierung ein bisschen teurer als erwartet: Ursprünglich waren 3000 bis 4000 Euro veranschlagt worden, aber am Ende kam die 00-Rechnung womöglich doch auf mehr Nullen bzw. Stellen, wie das zuständige Amt für Gebäudemanagement einräumte: „10 000 bis 11 000 Euro."

Das rief die Grünen auf den Plan, die das dringende Bedürfnis verspürten, „ein paar Nachfragen" zu stellen und das Corpus delicti besichtigen wollten. So jedenfalls hatte der Stadtdirektor (CDU) die grüne Initiative verstanden – und daraufhin alle im Rat vertretenen Parteien zu einem Termin der offenen Klotür eingeladen.

Rückendeckung – wenn dieser Begriff in diesem Zusammenhang denn erlaubt ist – erhielt der Stadtdirektor von der CDU, die vor allem den Austausch des bisherigen Urinals durch eine den Örtlichkeiten angemessene Sitzgelegenheit ausdrücklich begrüßte: „Endlich ist die Nutzung dieses wichtigen Büros nicht nur Männern vorbehalten." Die CDU warf zudem die Frage auf, ob es sich bei der sanitären Nullnull-Nummer nicht „um ein Geschäft der laufenden Verwaltung" handele, das auch ohne parlamentarisches Zutun erledigt werden könne. Und schließlich wollte sie in einer (auf ganz normalem Papier verbreiteten) Presseerklärung auch noch wissen: „Bekommen die Teilnehmer des Örtchentermins Sitzungsgeld?"

Der Örtchentermin, der angesichts des etwa zwei Quadratmeter großen Sitzungsraumes nur im Umlaufverfahren stattfinden konnte („Da können wir nur einzeln rein."), stieß auf großes journalistisches Interesse. „Endlich mal kein 00/8/15-Termin", flachste einer. Ansonsten ging er aber aus wie das berühmte Hornberger Schei…. Pardon.

STRASSENCAFÉS

Als die Gastronomen auf die Straße gingen

Wer heute durch die münsterische Altstadt flaniert, der kann (und will) sich nicht vorstellen, dass es mal eine Zeit ohne Straßencafés gab. Und doch ist das eine gastronomische Tatsache. Bis 1970 existierten in Münster zwar ein paar Kaffeegärten (vor allem in den Außenbereichen) und vereinzelte Biergärten – aber keine Straßencafés. Das genüssliche Kaffeetrinken am Straßenrand – von Cappuccino, Latte macchiato & Co. ganz zu schweigen – kannten die Münsteraner allenfalls von Ausflügen in „andere Weltstädte".

Im Juni 1970 passierte dann das, was die Westfälischen Nachrichten mit der Schlagzeile würdigten „Revolution am Straßenrand": Münsters Gastronomen gingen auf die Straße. Den Anfang machte Café Grotemeyer, das sich mit vier Tischen und 16 Stühlen auf die Salzstraße wagte. Die damalige Inhaberin Annelie Kahlert („Keiner wollte damals den Vorreiter machen.") konnte schon wenige Tage später eine erste Erfolgsbilanz ziehen: „Das wird ganz toll begrüßt. Das Echo ist enorm." Und ein Herr aus Düsseldorf (wo die Straßencafés schon etwas länger zum Stadtbild gehörten) habe ihr gesagt: „Endlich mal was Vernünftiges."

Allerdings konnte sich Annelie Kahlert auch erinnern, dass nicht alle die „Revolution am Straßenrand" begrüßten. Wenige Tage nach der Eröffnung des Grotemeyerschen Straßencafés habe ein Ordnungshüter mit empörter Miene zwischen den Tischen gestanden, lauthals geschimpft und mit Vokabeln wie „unerhört" um sich geworfen. Bis Annelie Kahlert ihm die schriftliche Genehmigung der Stadt unter die Nase hielt, die just an diesem Morgen mit der Post eingetroffen war.

Auch er konnte also die „Revolution" nicht aufhalten. Noch im gleichen Sommer folgten etliche Gastronomen dem Grotemeyerschen Beispiel. Heute gibt es kaum noch ein Café oder Restaurant, das auf Freiluftangebote verzichtet. Allein in der münsterischen Innenstadt stehen nach Angaben des städtischen Presseamtes rund 7000 Plätze in der Außengastronomie bereit.

Franz Feldhaus

Ein Mann der allerersten Stunde

Von den Münsteranern geliebt, von den Touristen bewundert: Der Prinzipalmarkt gehört zu den größten Sehenswürdigkeiten der Stadt. Er gilt als Herz der Stadt und als Zeuge der mehr als 1000-jährigen Stadtgeschichte. Aber viele ahnen gar nicht, dass er zum großen Teil nicht mal 100 Jahre alt ist – weil fast alle Gebäude im Zweiten Weltkrieg zerstört wurden.

Einer der ersten, die sich an den Wiederaufbau machten, war Franz Feldhaus, Eigentümer des Hauses Prinzipalmarkt 6/7 und der Traditionsgaststätte Stuhlmacher, die am 5. Oktober 1944 von einer Sprengbombe in Schutt und Asche gelegt worden war. Im August 1945, gut 100 Tage nach dem Ende des Krieges, stand er mit einem Pferd, einem belgischen Kaltblüter namens „Quelle", und einer zweirädrigen Sturzkarre auf dem weitgehend zerstörten und verwaisten Prinzipalmarkt. Zu einer Zeit also, als andere noch diskutierten, ob man das Stadtzentrum nicht lieber an anderer Stelle ganz neu errichten sollte ...

Nicht ohne Grund. Denn was die Münsteraner heute gerne ihre „gute Stube" nennen, war damals eine einzige Trümmerlandschaft – durch die, so berichtete Feldhaus, lediglich „eine schmale Fahrspur von der Breite eines amerikanischen Räumpanzers führte".

Dass der Gedanke an den Wiederaufbau gar nicht so selbstverständlich war, bekam Feldhaus ein paar Tage später auch persönlich zu spüren. Vor dem Haus, so wusste er zu erzählen, lag ein Riesenträger, den er mit seinem Pferd nicht von der Stelle bekam. Da kam ein Steinmetz des Weges, der eine Zugmaschine mit Seilwinde hatte und der von der Stadt beauftragt war, einsturzgefährdete Ruinen einzureißen. Feldhaus bat ihn um Hilfe. Doch der fragte erstaunt: „Was wollen Sie denn überhaupt hier?" Feldhaus antwortete wahrheitsgemäß, er wolle die Trümmer wegräumen „und das Haus dann wieder aufbauen". An den Blick, mit dem ihn der Steinmetz daraufhin musterte, konnte sich Franz Feldhaus noch Jahrzehnte später erinnern: „Der hat mich angeguckt, als ob ich nicht ganz zurechnungsfähig wäre."

Gott sei Dank ließen sich Franz Feldhaus und seine Nachbarn nicht von solchen Blicken beeindrucken. Und so erstand der Prinzipalmarkt aufs Neue – zum großen Teil nach neuen Entwürfen, aber mit den alten Maßen und Materialien. Anfangs stieß diese Form des Wiederaufbaus auch auf Kritik, aber seit langem sind sich eigentlich alle einig, dass die Stadt ihre heutige Attraktivität nicht zuletzt entschlossenen Männern der ersten Stunde – wie eben Franz Feldhaus – zu verdanken hat.

Tennengericht

Den Männern die Meinung gegeigt

Die Karnevalsgesellschaft Paohlbürger kreierte in den 1960er Jahren eine neue Art der karnevalistischen Sitzung: das Tennengericht. Und seitdem müssen sich alljährlich prominente Zeitgenossen vor dem närrischen Senat verantworten, wo sie von respektlosen Richtern durch den juristischen Kakao gezogen werden. Im Laufe der Jahre haben das bekannte Politikgrößen aller Couleur über sich ergehen lassen – von Norbert Blüm bis Johannes Rau, von Claudia Roth bis Hans-Dietrich Genscher.

1991 saß eine prominente Frau auf der Anklagebank: Hannelore Kohl, Gattin des amtierenden Bundeskanzlers Helmut Kohl. Und die männerdominierte juristische Seilschaft aus Staatsanwalt und Richtern hatte sich ganz offensichtlich vorgenommen, die immer etwas steif wirkende und gezwungen lächelnde Frau des Regierungschefs bei dieser Gelegenheit mal ein bisschen vorzuführen. Aber dann passierte genau das Gegenteil: Ehe sie es richtig gemerkt hatten, saßen die Herren selbst auf der Schüppe, auf die sie die Frau hatten nehmen wollen.

Hannelore Kohl zeigte den närrischen Herrschaften, was eine Harke ist – und dass sie es in punkto Humor und Schlagfertigkeit locker mit dem Gericht aufnehmen konnte. „So hat uns im Laufe der Zeit noch kein Mann die Meinung gegeigt, wie diese erste Frau", konstatierte einer der närrischen Paragraphen-Reiter amüsiert-anerkennend. Und der Staatsanwalt konstatierte: „Der Mann ist schlagfest, die Frau ist schlagfertig – die ganze Ehe scheint eine schlagende Verbindung zu sein."

In der offiziellen Anklage wurde der „Freifrau von Oggersheim, verheiratete Kohl" vorgeworfen, trotz des mehr als 20-jährigen Aufenthalts in der rheinischen Provinzstadt Bonn „den längst fälligen Pflichtbesuch in der Provinzialhauptstadt Münster nicht gemacht zu haben". Die Angeklagte reagierte mit einem Geständnis – punktete aber trotzdem: Sie habe in der Tat noch keinen Pflichtbesuch in Münster gemacht – „aber mehrere Herzensbesuche".

Nachdem sie die Herrenrunde nach allen Regeln der Kunst eingewickelt hatte, wickelte sie auch noch etwas aus – und übergab dem Gericht einen Pfälzer Saumagen, der bei Kohls bekanntlich gerne serviert wurde. „Damit", so Hannelore Kohl, „haben Sie endlich das internationale Flair, das Sie dringend brauchen."

Am Ende gab es für Hannelore Kohl einen „verschärften Freispruch ohne Bewährung" – und viel Bewunderung.

THEATER

Ein Donnerschlag mit Schleife

Heute merkt man es dem münsterischen Theater nicht mehr unbedingt an. Aber als es 1956 eröffnet wurde, war es unglaublich modern. Und die Geschichte seiner Entstehung ist genauso unglaublich. Denn es gab damals bereits fertige Pläne für ein historisierendes Bauwerk. Die freilich vier jungen Architekten (Harald Deilmann, Ortwin Rave, Werner Ruhnau und Max von Hausen), allesamt gerade Anfang 30, gar nicht gefielen – so dass sie, wie Harald Deilmann es später mal formulierte, quasi eine Art Bürgerinitiative bildeten, die sich gegen diese Art des Neubaus wandte. Aber dann drehten die Verantwortlichen den Spieß um – und forderten die jungen Kritiker auf, doch mal eigene Entwürfe vorzulegen.

Die taten, wie ihnen geheißen. Und dann geschah das eigentlich Unglaubliche: Die Jury entschied sich für den Entwurf des jungen Architekten-Quartetts. Und der Jury-Vorsitzende sagte dem Rat: Wenn Sie als Rat der Stadt Münster den Mut haben, diesen Entwurf zu verwirklichen, dann wird man aus Amerika kommen, um dieses Theater zu sehen.

Er sollte Recht behalten. Der Erbauer des UNO-Gebäudes, der New Yorker Architekt Wallace K. Harrison, feierte den Neubau als „befreienden Donnerschlag" in der Theater-Architektur. Selbst Mister Rockefeller, so erinnerte sich Deilmann, reiste an, um sich den Neubau anzuschauen. Und die Schlagzeilen waren enthusiastisch: „Das modernste Theater Europas", „Von Moskau bis Rio das schönste Theater" und „…wie ein Märchenschloss".

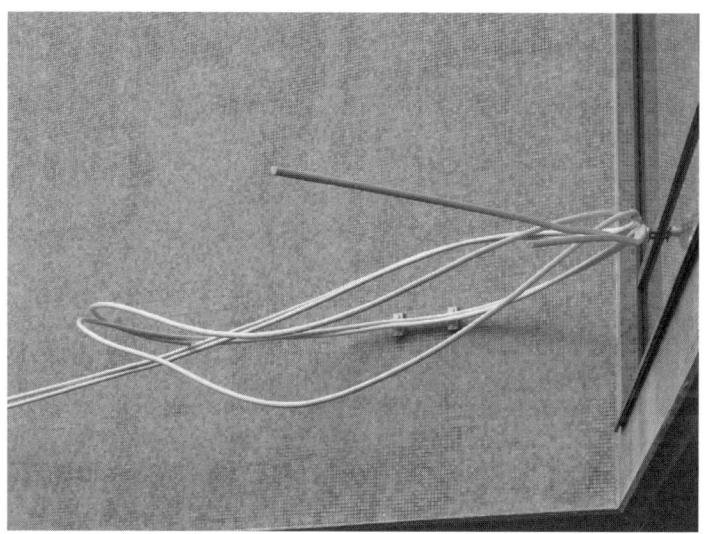

Münsters Theater war bei der Eröffnung in den 1950er Jahren ein „Donnerschlag" – und die Schleife über dem Eingang auch.

Und das Ganze war nicht zuletzt deshalb so spektakulär, wie Prof. Harald Deilmann später mal sinnierte, weil es ausgerechnet in Münster passierte: „Denn ganz Deutschland wusste damals, dass in Münster die Stadt nach alter Väter Sitte wieder aufgebaut worden war. Und dann so etwas."

Das Echo in Münster war übrigens durchaus geteilt. Aber dann kam den Architekten etwas zu Hilfe, das womöglich noch moderner war als ihr Neubau: die „Raum-Zeit-Plastik" von Norbert Kricke, die kurz vor der Eröffnung über dem Eingang angebracht wurde. Deilmann: „Die hat die Leute damals ganz schön auf die Palme gebracht – und war für uns so etwas wie ein Blitzableiter."

Etliche Münsteraner argwöhnten damals, ein Installateur habe da wohl ein paar Kabel- oder Rohrreste vergessen. Andere machten ihrer Verwunderung mit Spitznamen Luft. Der

Volksmund sprach von „Frack-Fliege", „Picasso-Schleife" oder „Picasso-Blitz". Und viele fragten sich kopfschüttelnd, wie man „für so was so viel Geld" ausgeben könne. Dabei war das Geld – 10 000 Mark – gut angelegt. Die neun Meter breite Theater-Schleife ist nämlich die erste große Arbeit des bekannten Bildhauers Norbert Kricke und nach Experten-Urteil eine der wichtigsten Nachkriegsarbeiten im Bereich „Kunst am Bau" überhaupt. Heute ist die Schleife sicher das Zigfache wert...

TÜRMER

Der Mann über dem Oberbürgermeister

Gäbe es eine „rote Liste" für aussterbende Berufe, er stünde schon seit Jahrzehnten ganz obenan: Der Türmer, der auf der St.-Lamberti-Kirche seinen allnächtlichen Dienst versieht, ist einer der letzten des Abendlandes. Der sich freilich auch im „Morgenland" erhöhter Aufmerksamkeit erfreut: Als der frühere langjährige Türmer Roland Mehring, der sich im Urlaub gerne in einen Globetrotter verwandelte, einst an der pakistanischen Grenze Einreise begehrte, knurrte der Zöllner „Türmer – was ist denn das?" Mehring beeilte sich zu erläutern: „A special job in Germany." Woraufhin der Pakistani fein säuberlich ins Formular eintrug: „Specialist".

Heute ist der Spezialist auf dem Kirchturm vor allem eine Touristenattraktion. Und eine Spezialität im städtischen Stellenplan. Denn er hat nur eine halbe Stelle – aber einen herausragenden Platz in der Verwaltungshierarchie. „Der Oberbürgermeister", so pflegten Türmer schon mal zu betonen, „arbeitet unter mir."

Das lässt sich nicht leugnen. Der Oberbürgermeister hat sein Dienstzimmer im zweiten Geschoss des Stadthauses, der Türmer in luftiger Höhe auf dem Kirchturm – noch oberhalb der berüchtigten Wiedertäufer-Käfige. Dort bläst er spätabends von 21 bis 24 Uhr halbstündlich ins Kupfer-Horn.

Heute hat der Türmer einen vorzeigbaren Arbeitsplatz. Aber in den ersten Jahrzehnten nach dem Krieg sah das anders aus. Da präsentierte sich die kleine Kammer am Ende einer 298 Stufen langen Wendeltreppe als bizarres Turmstübchen mit Spitzweg-Idylle: große Sandsteinquadern, ein paar

Eine der letzten seines Berufsstandes: Türmer Wolfram Schulze auf dem Turm der Lamberti-Kirche

karge Möbelstücke, viele Bücher – und jede Menge vergilbte Zeitungen, die sich vergeblich mühten, die zugigen Fensterritzen zu stopfen.

Kein Wunder also, dass der Türmer damals auf die Idee kam, eine Couch könnte für ein bisschen mehr Gemütlichkeit sorgen. Deshalb stand er eines Tages in einem münsterischen Möbelgeschäft und erkundigte sich: „Liefern Sie auch frei Haus?" „Selbstverständlich!", hieß es. „Auch, wenn's ein bisschen hoch gelegen ist?", hakte der Türmer nach. Und der Verkäufer versicherte selbstbewusst, man liefere überallhin.

So standen die Möbelpacker ein paar Tage später etwas ratlos am Fuß der engen Wendeltreppe. Doch die Firma machte gute Miene zum bösen Spiel. Zwei Stunden, so berichtete der Türmer später, habe es gedauert, bis die Couch endlich, mit leicht abgestoßenen Ecken, in der Türmerstube stand…

Für aufzugsverwöhnte Menschen des 21. Jahrhunderts ist die 298-Stufen-Treppe auch ohne Couch eine echte Herausforderung. Türmer gehen aufgrund des täglichen Trainings etwas gelassener damit um. Und Ex-Türmer Roland Mehring schob bei Bedarf schon mal eine Extra-Treppen-Tour ein. Zwischen zwei Horn-Einsätzen 298 Stufen runter, zur nächsten Kneipe, Zigaretten gezogen und wieder 298 Stufen rauf. Und einmal musste er dann festzustellen, dass er keine Streichhölzer oben hatte. Daraufhin, so Mehring, habe er sich dann „lieber das Rauchen abgewöhnt…"

ÖFFENTLICHES WC

Wie das Klo zum Kronleuchter kam…

Es gehört zu den unangenehmen Erfahrungen eines Touristen-Daseins, wenn man in fremder Umgebung unvermittelt in die Verlegenheit kommt, eine öffentliche Toiletten-Anlage aufsuchen zu müssen. Und der Widerwille vervielfacht sich meist, wenn man dazu auch noch in die Unterwelt hinabsteigen muss. Da wird aus dem Bedürfnis, ein Klo zu benutzen, schnell die Befürchtung, eine Kloake vorzufinden.

Auch am Domplatz in Münster sieht man oft Touristen mit sichtbarer Abneigung die Treppen zum Untergrund-WC hinuntergehen. Aber viele kommen mit einem verklärten Gesichtsausdruck zurück, der sich nicht allein aus der ihnen zuteil gewordenen Erleichterung erklären lässt. So wie jener ältere Herr, der sich nach einem Bummel über den Wochenmarkt mit einem knappen „Ich muss mal eben" von seiner besseren Hälfte verabschiedet hatte und dann im Untergrund verschwunden war. 30 Sekunden später war er, schwer atmend, wieder oben. „Else", rief er, „geh mal mit – so was hast du noch nicht gesehen." Ehefrau Else winkte ab: „Nee, ich muss doch gar nicht." Doch, entgegnete er, „das *musst* du dir anschauen!"

In der Tat gibt es viele, die am Domplatz in die westfälische Unterwelt verschwinden, obwohl sie gar nicht müssen. Weil sie ein kulturelles Bedürfnis haben. Denn 17 Stufen unter dem Kopfsteinpflaster befindet sich ein öffentlicher Luxus-Lokus, der weltweit seinesgleichen sucht: ein WC mit moderner Badkeramik, bunten Fliesen, schicken Bildern. Und mit Kronleuchter.

Überraschung unter dem Domplatz: ein Klo mit Kronleuchter

Das Vorzeige-WC auf dem Domplatz entstand zur Ausstellung „Skulptur 2007", als es wieder mal darum ging, der Kunst im öffentlichen Raum spezifisch münsterische Seiten abzugewinnen. Und der Düsseldorfer Künstler Hans-Peter Feldmann beschloss, sich das öffentliche WC am Domplatz vorzuknöpfen. Das stammt aus den 1950er Jahren und war zuletzt 1987, aus Anlass des Papst-Besuches, renoviert worden. Dank Feldmann ist es jetzt ein Nobel-00. Das dem Begriff der Hygiene-Kultur eine ganz neue Dimension verleiht.

VEGGIE-DAY

Verbales Schlachtfest mit Mettbrötchen-Druck

Münster gehörte – im Juli 2011 – zu den ersten deutschen Städten, die ganz offiziell den „Veggie-Day" eingeführt haben. Unter dem Motto „Münster isst veggie" propagiert und fördert die Stadt nun den vegetarischen Donnerstag, an dem sich möglichst viele Bürgerinnen und Bürger – freiwillig – fleisch- und fischlos ernähren sollen. Aber die Ratssitzung, auf der das beschlossen wurde, entsprach noch keineswegs den vegetarischen Idealen. Denn die Debatte geriet zu einem „verbalen Schlachtfest" und war gewissermaßen von Mettbrötchen umrahmt...

Es ging schon auf Mitternacht zu, als am Ende einer mehrstündigen Rats-Sitzung der Antrag der Grünen und Linken aufgetischt wurde, in dem es um die offizielle Einführung eines „vegetarischen Donnerstags" ging. Oberbürgermeister Markus Lewe versuchte vergeblich, mit einem fein abgeschmeckten Hinweis auf die nach der Sitzung wartenden Häppchen die Debatte einzugrenzen: „Wenn wir noch länger diskutieren, vergammeln die Mettbrötchen!" Aber da hatten sich die Ratsmitglieder schon am Thema festgebissen.

Die FDP schickte mit feinem Gespür für das sensible Thema die Ratsfrau Karin Obst in die Debatte – die jedoch deutlich machte, dass sie trotz ihres Nachnamens wenig vom politisch gesteuerten Vegetarismus hält. SPD-Ratsherr Thomas Fastermann zeigte dagegen durchaus Sympathien fürs tageweise Fasten – auch wenn er sich selbst als leidenschaftlicher Fleischesser outete. Für die CDU ging Ratsherr und Landwirt Hans Georg Buddenbäumer in die Bütt – und ausführlich auf den vierseitigen Antrag sowie die dort präsentierten Zahlen über die bei der Fleischproduktion anfallenden Gülle-, CO_2- und Methanmengen ein. Wobei er, den Methangas-Ausstoß ansprechend, eine Lanze für die Kühe des Münsterlandes brach. Sie seien, so versicherte er, sehr zurückhaltend beim „Pupsen".

Ausgerechnet einem Vertreter der ökologisch-demokratischen Partei blieb es schließlich vorbehalten, mit einem „Antrag auf Schluss der Debatte" das verbale Schlachtfest zu beenden. So konnte man noch vor Mitternacht abstimmen und zum Imbiss übergehen. Ansonsten hätte der Rat, der traditionell am Mittwoch tagt, sich womöglich selbst in einen Gewissenskonflikt gestürzt: Wie geht man mit den vom Oberbürgermeister offerierten Mettbrötchen um, wenn der (vegetarische) Donnerstag schon begonnen hat?

WHISKY

Unverzollt in die Beamtenleber

Die Geschichte ist nicht mehr ganz taufrisch, ihre Protagonisten sind womöglich schon im Ruhestand – aber angesichts anhaltender Korruptions-Debatten ist sie nach wie vor von brennender Aktualität. In der Hauptrolle: Ein braver Zollbeamter, der zur Weihnachtszeit auf seinem Schreibtisch neben ein paar freundlichen Grüßen und Wünschen „eine 7/10 l Flasche Trinkbranntwein (John Walker, vermutlich unversteuert)" vorfand – und nicht wusste, wie er damit umgehen sollte. Denn die Flasche stammte von einem Generalkonsul. Und er hatte Bedenken, „die Flasche – wie ihn ähnlich gelagerten Fällen üblich – zurückzugeben, weil ich nicht weiß, ob sich dies im Umgang mit einer konsularischen Vertretung mit den Regeln der Höflichkeit vereinbaren lässt".

Also wandte er sich mit seinen hochprozentigen Gewissensnöten an die vorgesetzte Oberfinanzdirektion und bat um höhere Weisung. Wobei er nicht zu erwähnen vergaß, dass der Trinkbranntwein vermutlich unversteuert sei – weil das Generalkonsulat „die außertarifliche Zollfreiheit für Diplomaten- und Konsulargut" nach Paragraph Soundso in Anspruch nehme.

Die Einfuhr ausländischen, zumal unversteuerten Alkohols, so bestätigte ein maßgeblicher (und offenbar mit Humor gesegneter) Vertreter der zuständigen Oberfinanzdirektion die Befürchtungen des pflichtbewussten Beamten, sei eine ernste Gefahr für das deutsche Branntweinmonopol. „Ich bitte deshalb", so hieß es in dem Antwortschreiben weiter, „dafür zu sorgen, dass die inkriminierte Flasche weder den freien

Markt erreicht, noch ihn durch Verabfolgung (selbst als Geschenk) an Dritte mittelbar belastet, noch durch Vernichtung zu einer unverantwortlichen Umweltbelastung führt." Eine Rückgabe an den Absender, so pflichtete die OFD dem Beamten bei, scheide aus diplomatischen Gründen aus.

Soweit der Vorgang, der dem pflichtbewussten Beamten ein echtes Opfer abverlangte. Denn um Schaden von der deutschen Wirtschaft abzuwenden, um diplomatische Verwicklungen zu vermeiden und Umweltverschmutzungen auszuschließen, blieb ihm eigentlich nichts anderes übrig, als den Whisky selbst zu trinken.

Man kann sich vorstellen, was das für einen deutschen Beamten bedeutete – unter Umgehung der Zollschranken importierter Trinkbranntwein, der schon im Gaumen die vermutlich an einheimisches Bier gewöhnten Geschmackszellen attackiert, dann unkontrolliert in die Speiseröhre eintritt, unverzollt den Magen passiert, nicht mal in der Milz gefilzt wird und schließlich unversteuert die Leber erreicht.

Der Tag geht, der Zöllner wankt. Gibt es einen hochprozentigeren Beweis für die Existenzberechtigung des Berufsbeamtentums?

WIEDERTÄUFER

Original oder Fälschung?

Die Wiedertäufer-Käfige am Turm der St.-Lamberti-Kirche, in denen vor fast 500 Jahren die Leichen der Wiedertäufer-Anführer zwecks Abschreckung ausgestellt wurden, gehören zu den meistbeachteten Merk- und Sehenswürdigkeiten der Stadt. Und zu den meistdiskutierten. Manche meinen, es sei nicht mehr zeitgemäß, solche Relikte spätmittelalterlicher Grausamkeit öffentlich zur Schau zu stellen. Und viele glauben, dass es gar nicht mehr die originalen Käfige aus dem 16. Jahrhundert sind, die da in luftiger Höhe zu sehen sind.

Doch da lassen die Experten nicht mit sich reden. Sie sind sich einig, dass am Lamberti-Kirchturm noch immer die Eisen-Körbe hängen, die ein Schmied aus Lüdinghausen anno 1535 gefertigt hat. Sie haben sich als erstaunlich widerstandsfähig erwiesen – und sogar einen Absturz überlebt, als der Kirchturm 1944 von einer Bombe getroffen wurde. Als die Käfige im Jahre 2000 einen neuen Anstrich bekamen und ihre Aufhängung überprüft wurde, zeigten sich die Denkmalpfleger erneut erstaunt, wie gut sie noch in Schuss sind: „Es ist nicht so, dass die nur noch von Rost zusammengehalten werden."

Dass immer wieder das Gerücht aufkommt, am Turm der Lamberti-Kirche seien nur noch Kopien zu sehen, hat nicht zuletzt damit zu tun, dass es tatsächlich einen Satz täuschend ähnlicher Nachbauten gibt. Als die Lamberti-Kirche Ende des 19. Jahrhunderts einen neuen Turm erhielt, war der Magistrat der Meinung, dass auch die Käfige ausgetauscht werden sollten – und ließ entsprechende Kopien anfertigen.

Aber gegen diesen Käfig-Austausch erhob sich heftiger Protest. Deshalb wurden dann doch wieder die Originale aufgehängt. Die Kopien angelte sich damals der umtriebige Gründer des münsterischen Zoos, Professor Hermann Landois, der sie an der Tuckesburg ausstellte – und sie den staunenden Besuchern mit der ihm eigenen Schlitzohrigkeit schon mal als Originale „verkaufte". Heute hängen sie im Stadtmuseum.

Im Magazin des Stadtmuseums befindet sich übrigens auch ein Prunkbett, das – so besagte die Überlieferung – der Wiedertäufer-König Jan van Leiden mit seinen 16 Frauen geteilt haben soll. Leider hielt die Bettstatt einer anderen Prüfung nicht statt, wie Museumsdirektorin Barbara Rommé feststellen musste: Bei einer dendrochronologischen Untersuchung des Holzes stellte sich heraus, dass das Bett erst um 1560/70 gebaut worden sein kann – zu spät für Jan van Leiden, der schon 1536 mit einem der schmucklosen Eisen-Körbe vorlieb nehmen musste.

MODERNE KUNST

Die Skulptur, die ein Knöllchen bekam

Wenn es um Kunst im öffentlichen Raum geht, gehört Münster zu den weltweit ersten Adressen. Seit 1977 lädt die Stadt, gemeinsam mit dem Land Nordrhein-Westfalen und dem Landschaftsverband Westfalen-Lippe, alle zehn Jahre Künstler aus aller Welt ein, Skulptur-Projekte zu entwickeln, die sich mit dem Stadtbild und dem Stadtraum auseinandersetzen.

Einer dieser Künstler ist der Amerikaner Michael Asher. Er ist zugleich der einzige, der an allen vier Skulpturen-Ausstellungen beteiligt war. Und zwar viermal mit dem gleichen Projekt. Auch wenn sich das im Laufe der Jahrzehnte ganz schön verändert hat. Michael Asher stellt einen Wohnwagen – ein Modell vom Typ Eriba Familia GS – an ausgewählten Standorten (ursprünglich 19) in der Stadt auf, und zwar für jeweils eine Woche, danach wird „umgeparkt".

1977, bei der ersten Skulpturen-Ausstellung, wurde das Objekt noch nicht gleich als Kunstwerk erkannt. Und so passierte, was passieren musste: Ausstellungsmanager Klaus Bußmann, auf dessen Namen die „fahrbare Skulptur" gemeldet war, bekam gleich mehrere Knöllchen – denn der Künstler hatte sich bei der Standortauswahl nicht unbedingt von der Straßenverkehrsordnung leiten lassen. Und irgendwann, so heißt es, habe ein Ordnungshüter das Kunstwerk sogar mal abschleppen lassen…

Danach sah es auch 2007 aus. Eines Morgens war der künstlerische Caravan verschwunden. Aber er war, wie sich schnell herausstellte, nicht von übereifrigen Ordnungshütern abgeschleppt, sondern von unbekannten Kunstbanausen entführt worden. Was nicht nur die Ausstellungsmacher vor unerwartete Probleme stellte, sondern auch die Polizei: Sollte sie den Vorgang als Kfz-Diebstahl behandeln oder als Kunstraub? Doch bevor die Frage beantwortet war, war der Caravan schon wieder da: Eine Spaziergängerin hatte den Wohnwagen in einem Waldstück bei Telgte entdeckt.

Dass der – mittlerweile zum Oldtimer avancierte – Wohnwagen ohnehin während der Ausstellung immer häufiger verschwindet, hat aber ganz andere Gründe: Etliche Orte, an denen Asher seinen Wohnwagen dereinst hin-, ab- und vorgestellt hatte, existieren gar nicht mehr. Und so muss der seiner Ausstellungsorte teilweise beraubte Kunstwagen immer häufiger zwischendurch zwangsweise für eine Woche in der Garage bleiben.